CB142207

AUDITORIA EM SAÚDE

www.editorasaraiva.com.br

SÉRIE
GESTÃO ESTRATÉGICA
DE SAÚDE

Marlus Volney de Morais
Haino Burmester (coord.)

Auditoria em saúde

Editora Saraiva

Editora Saraiva

Rua Henrique Schaumann, 270
Pinheiros – São Paulo – SP – CEP: 05413-010
PABX (11) 3613-3000

SAC | **0800-0117875**
De 2ª a 6ª, das 8h30 às 19h30
www.editorasaraiva.com.br/contato

Direção editorial Flávia Alves Bravin
Coordenação editorial Rita de Cássia da Silva
Editorial Universitário Luciana Cruz
Patricia Quero
Editorial de Negócios Gisele Folha Mós
Produção editorial Daniela Nogueira Secondo
Rosana Peroni Fazolari
Produção digital Nathalia Setrini Luiz
Suporte editorial Najla Cruz Silva
Arte e produção Join Bureau
Capa Guilherme P. Pinto
Produção gráfica Liliane Cristina Gomes
Impressão e acabamento

ISBN 978-85-02-22865-8

DADOS INTERNACIONAIS DE CATALOGAÇÃO NA PUBLICAÇÃO (CIP)
ANGÉLICA ILACQUA CRB-8/7057

Morais, Marlus Volney de
Auditoria em saúde / Marlus Volney de Morais; Haino Burmester (coord). – São Paulo : Saraiva, 2014.
172 p. (Gestão Estratégica de Saúde)

Bibliografia
ISBN 978-85-02-22865-8

1. Serviços de saúde – Auditoria 2. Serviços de saúde – Administração 3. Instituições de saúde – Controle de qualidade I. Título II. Burmester, Haino

14-0524 CDD 362.11

Índice para catálogo sistemático:
1. Serviços de saúde – Auditoria

1ª edição

304.631.001.001

Agradecimentos

Agradeço à minha família nuclear, em especial à Noili, minha companheira de todas as horas nesta e nas próximas jornadas, alicerce amalgamado pelo amor; aos meus filhos, que, juntos, cada qual com seus recursos, embasaram parte do conteúdo e do apoio necessários para essa empreitada; e aos meus netos, minhas fontes de energia e de atuação por uma medicina de qualidade, hoje e sempre.

Aos meus pais, Virgilio e Pierina, que conseguiram, com muito esforço, construir seres humanos dignos e com profissões honradas.

Ao prof. dr. Haino Burmester, pelo convite, pela condução segura e pela contribuição, com todo o seu conhecimento, para que alinhássemos o conteúdo deste livro dentro dos propósitos da Série Gestão Estratégica de Saúde.

Ao dr. Luiz Fernando Nicz, pelos momentos "socráticos" e por ter sido o catalisador e a ponte entre nós e o livro, permitindo que o conhecimento pudesse ser transformado em texto.

Não vou nominar mais pessoas para não cometer injustiças, pois contariam centenas, mas quero agradecer a cada um dos colegas de trabalho e de profissão de Curitiba, de Marechal Cândido Rondon, de Campo Largo, do sistema Unimed Paraná e Brasil e da Secretaria de Saúde do Estado do Paraná pelas contribuições diárias ao meu conhecimento e pelos constantes questionamentos, que me obrigaram a pensar em soluções e a me aprofundar no tema. Sintam-se homenageados por este trabalho sobre o que tanto conversamos e discutimos.

Aos meus professores e alunos, agradeço pelo estímulo e pelas indagações criadoras.

Sobre os autores

Marlus Volney de Morais ▪

Médico formado pela Universidade Federal do Paraná (UFPR), em 1978, com especialização em Cirurgia Geral e Gastroenterologia (com área de atuação em Endoscopia Digestiva), iniciou seus trabalhos com auditoria em 1988, inicialmente, na Singular Unimed, de Marechal Cândido Rondon, atual Unimed Costa Oeste, no Paraná, da qual foi presidente.

Foi membro do Conselho de Administração da Unimed Paraná, federação das cooperativas Unimed do estado, onde atualmente exerce o cargo de gerente de regulação da assistência à saúde para todo o estado, tendo sob sua coordenação o Comitê Estadual de Intercâmbio e Auditoria Médica, entre outras atribuições voltadas à assistência em saúde.

Exerce a função de auditor médico na Secretaria Estadual de Saúde, aprovado em concurso público, em 1990, e também foi diretor médico na Secretaria Municipal de Saúde de Campo Largo.

Pós-graduado em Auditoria em Saúde pela Universidade Gama Filho e em Gestão em Saúde pela FAE (PR), iniciou MBA em Finanças Empresariais pelo Centro Universitário Positivo (Unicenp) – não concluído – e, atualmente, cursa MBA de Gestão em Primary Health Care, pelo convênio entre a Fundação Faculdade Lucas Machado, a Cambridge Health Alliance (Boston, Estados Unidos) e a Unimed Mercosul.

É professor do curso de pós-graduação em Auditoria em Saúde das Faculdades Lucas Machado, em convênio com a Fundação Unimed, e das Faculdades Pequeno Príncipe.

Haino Burmester (Coordenador) ▪

É médico e administrador de empresas, graduado em Medicina pela Universidade Federal do Paraná (UFPR), fez especializações no Brasil, na Universidade de São Paulo (USP), na Fundação Getulio Vargas (FGV) e na Universidade Federal de São Paulo (UNIFESP); na Inglaterra, na Universidade de Londres; e nos Estados Unidos, na Universidade Johns Hopkins e na Universidade do Pacífico. Em suas áreas de interesse destacam-se: liderança; desenvolvimento e cultura organizacional; recursos humanos; gestão e qualidade de serviços.

Nos últimos 35 anos tem-se dedicado à gestão de serviços de saúde, principalmente, de hospitais públicos e privados. Suas intervenções na gestão destes serviços se dão como executivo, consultor, assessor, coordenador, professor e palestrante.

Atualmente é coordenador de Recursos Humanos da Secretaria Estadual de Saúde de São Paulo e professor do Departamento de Administração da FGV em São Paulo.

Apresentação

Proponho, nesta obra, a reflexão sobre um segmento de atividades em saúde, que constitui uma ferramenta de apoio ao maravilhoso trabalho dos profissionais dessa área, os quais se dedicam a construir qualidade de vida aos nossos pacientes e aos ainda não adoecidos.

Chamo a atenção dos leitores para a "auditoria em saúde", atividade ainda hoje estigmatizada e vista como fiscalizadora e policialesca, pelo menos na cultura brasileira. Comparo-a à visão que se teve no início do século XX sobre a obrigatoriedade da vacinação, imposta por Osvaldo Cruz e equipe, que gerou revolta popular, com quebra-quebras nas ruas do Rio de Janeiro, episódio conhecido como Revolta da Vacina, em 1904.

Hoje, não admitiríamos a mesma revolta, ao menos não pelo mesmo motivo. O que mudou? Mudaram o conhecimento, a ciência e a comprovação que se tem hoje dos benefícios que a compreensão do processo de vacinação produziu, produz e produzirá. Antevejo o mesmo desenvolvimento para o método de auditoria em saúde. Pensamento megalomaníaco? Sim, se ao respondermos, pensarmos na auditoria como fiscalizadora. Não, e absolutamente não, se olharmos para a atividade como ferramenta para a melhoria da qualidade dos serviços em saúde, que, hoje, se encontram muito fragmentados e, por vezes, mal coordenados. Não é utópico pensar que a auditoria em saúde, usando suas ferramentas de regulação, será, ela própria, uma excelente ferramenta de apoio aos prestadores e aos gestores de serviços de saúde.

A saúde e as ciências, em geral, tiveram, e continuam tendo, uma evolução notável da segunda metade do século XX em diante. A auditoria em saúde acompanhou este desenvolvimento. Especialmente a partir do século XXI, as necessidades de melhoria da gestão, determinadas, por um lado, pela escassez de recursos e, por outro, por uma sistemática regulação, conduziram todo o setor da saúde a um processo de reinvenções sucessivas, sem perder o objetivo maior, que é a aplicação do conhecimento ao bem-estar da população. A essência da natureza biológica humana não mudou, mas as interferências que lhe são aplicadas, sim.

Falaremos sobre ambas: biologia humana e atividades que lhe são dirigidas. Mais sobre estas últimas, mas pretendemos acrescentar um componente a este binômio:

qualidade. Ao buscar este complemento, mostraremos processos operacionais - muitas vezes confundidos com burocracia, desconfiança, interferência, procrastinação, ignorância e outros tantos adjetivos utilizados por quem não conhece a prática diária da auditoria em saúde - que apoiam e conferem segurança a toda a cadeia de cuidados componentes da assistência em serviços de saúde, em especial aos pacientes que os recebem.

Por se tratar de atividade que permeia quase todos os campos do conhecimento em saúde, alguns processos e temas serão apenas referidos, sem grande aprofundamento. Nos primeiros capítulos, contextualizaremos o processo de auditoria em geral, para, depois, focalizarmos a auditoria hospitalar propriamente dita, objetivo desta série.

Boa leitura e bom proveito!

Marlus Volney de Morais

Sumário

Lista de Abreviaturas

AIH: Autorização de Internação Hospitalar
AMB: Associação Médica Brasileira
ANS: Agência Nacional de Saúde Suplementar
Anvisa: Agência Nacional de Vigilância Sanitária
APAC: Autorização de Procedimento de Alta Complexidade
BPA: Boletins de Produção Ambulatorial
CAA: Conta Aberta Aprimorada
CAP: Caixas de Aposentadoria e Pensões
CBHPM: Classificação Brasileira Hierarquizada de Procedimentos Médicos
CDC: Código do Consumidor
CFM: Conselho Federal de Medicina
CMED: Câmara de Regulação do Mercado de Medicamentos
CNES: Cadastro Nacional de Estabelecimentos de Saúde
Cofen: Conselho Federal de Enfermagem
Conitec: Comissão Nacional de Incorporação de Tecnologias
Consu: Conselho Nacional de Saúde Suplementar
CPT: Cobertura Parcial Temporária
DCNT: Doenças Crônicas Não Transmissíveis
Denasus: Departamento Nacional de Auditoria do Sistema Único de Saúde
DLP: Doenças ou Lesões Preexistentes
DRG: Disease Related Group
DUT: Diretrizes de Utilização
Faec: Fundo de Ações Estratégicas e Compensações
HM: Honorários Médicos
Hosp: Hospital

IAP: Institutos de Aposentadoria e Pensões
Inamps: Instituto Nacional de Assistência Médica da Previdência Social
INPS : Instituto Nacional de Previdência Social
MAT: Materiais em Geral
MBE: Medicina Baseada em Evidências
MED: Medicamentos em Geral
MS: Ministério da Saúde
NHS: National Health Service (Reino Unido)
NIP: Notificação de Investigação Preliminar
Opas: Organização Panamericana de Saúde
OPME ou OPM: Órtese, Prótese e Material Especial (conjunto de itens que podem estar fora de contrato de assistência)
OPS: Operadora de Plano de Saúde
PAB: Piso da Atenção Básica
PAC: Procedimentos de Alta Complexidade
PG: Procedimento Gerenciado
PIB: Produto Interno Bruto
POP: Procedimento Operacional Padrão
RDC: Resolução de Diretoria Colegiada
RN: Resolução Normativa (da ANS)
ROI: Retorno sobre o Investimento
SADT: Serviços Auxiliares de Diagnóstico e Terapia
SBE: Saúde Baseada em Evidências
Sigtap: Sistema de Gerenciamento da Tabela de Procedimentos, Medicamentos e OPM do SUS
Sobed: Sociedade Brasileira de Endoscopia Digestiva
SUS: Sistema Único de Saúde
TISS: Troca de Informação de Saúde Suplementar
TUSS: Terminologia Unificada da Saúde Suplementar
UTI: Unidade de Terapia Intensiva
Wonca: World Organization of National Colleges

PARTE I

AUDITORIA EM SAÚDE – CONCEITOS GERAIS

1 Introdução à auditoria em saúde

1.1 Conceitos gerais de auditoria em saúde

Qualquer usuário de serviços prestados por alguma organização de saúde reconhece e sente, quando da assistência à sua saúde, se o serviço tem qualidade e efetividade, que são, ao mesmo tempo, objetivo e método a serem perseguidos.

Com o advento da era da informação e do conhecimento, múltiplas formas de promover saúde e de combater agravos têm sido propostas e desenvolvidas; por meio de metodologia de processos e ações aplicadas a pacientes ou a profissionais, a introdução de tecnologia, instrumentalizada por novos medicamentos e equipamentos, é utilizada para o tratamento ou o diagnóstico de condições desfavoráveis à manutenção da homeostase orgânica.

Esse esforço crescente em busca de novas formas de se preservar ou recuperar a saúde gera pesquisas que envolvem grande participação de recursos humanos e materiais, o que, por um lado, engrandece e multiplica o conhecimento, mas, por outro, gera a preocupação em se racionalizar o uso e o abuso de recursos, objetivando tornar o fruto das pesquisas aplicável ao cotidiano, de forma acessível ao maior número possível de pessoas.

A operacionalização e a aplicação efetiva desses recursos capilariza-se por diversos agentes, quer sejam prestadores finais de serviços de saúde quer sejam agentes logísticos, os quais fornecem instrumentos e produtos para que os serviços possam atingir o objetivo de promover ou recuperar a saúde individual.

É importante ressaltar que todos os elementos dessa cadeia, envolvidos no processo de atenção à saúde, têm objetivos particulares, porém intimamente relacionados entre si.

Tal relacionamento, como qualquer outro, seja de natureza pessoal ou institucional, obedece a regras humanas, sociais, comerciais, regulatórias entre outras naturezas, que precisam ser constantemente avaliadas, para que cada parte promova o objetivo comum para o qual o setor saúde existe, como: promover e/ou recuperar a saúde do usuário/paciente do sistema.

É sobre o processo desse relacionamento que este livro lança um olhar e pretende apresentar ao leitor formas práticas de executar ações de auditoria e de regulação em saúde, bem como propor novas formas de pensamento e de projeções para que este pequeno, porém fundamental, conjunto de processos proteja não só a saúde do indivíduo que utiliza o sistema, mas, sobretudo, contribua para preservar e melhorar constantemente a qualidade e a efetividade do próprio sistema.

A auditoria comercial, base do termo e do conceito inicial da auditoria em saúde, originou-se e concretizou-se por força de divergências nas relações de consumo[1].

A auditoria em saúde não pode nem deve ter a visão exclusiva de que o serviço de saúde prestado é uma relação de consumo. Sua missão é garimpar dados, interpretá-los à luz do melhor conhecimento científico disponível e transformar este em processos de assistência, que diminuam ou eliminem qualquer forma de sofrimento individual ou populacional. Monitorar e analisar constantemente as mudanças propostas para a implementação de melhorias contínuas é condição inerente à formação dos profissionais de saúde, assim como à de qualquer profissional em sua respectiva área de atuação, e, consequentemente, traduz-se em objetivo dos auditores em saúde.

Como este livro integra uma coleção dedicada à gestão hospitalar, apresentaremos, inicialmente, com o intuito de contextualizar a auditoria hospitalar, uma pequena revisão histórica dos modelos da assistência à saúde aplicados no Brasil, adaptados ou não de protótipos estrangeiros. Também discutiremos o momento atual e as ferramentas necessárias à proposição de mudanças, fazendo a missão do auditor em saúde ser pensada e executada com sucesso.

1.2 Breve histórico das organizações de saúde e a relação destas com os atuais sistemas de assistência à saúde

Não remontaremos a Hipócrates nem a Imhotep, ao xamanismo ou às práticas milenares do Oriente. Também não buscaremos excessivo rigor cronológico nesta introdução, por não ser este o objetivo da obra. Tentaremos contextualizar a história dos

[1] HUBERMAN, L. *História da riqueza do homem*. São Paulo: Zahar, 1981.

serviços hospitalares no mundo e no Brasil, a fim de que o processo de auditoria em saúde seja entendido de forma mais ampla e culturalmente ajustada.

De maneira sucinta, ao analisarmos o histórico das organizações de saúde inseridas no contexto maior dos modelos de assistência aplicados no país, observamos um modelo hospitalocêntrico, permeado pela verticalização de ambulatórios gerais, especializados ou superespecializados que, culturalmente, são vistos como locais onde se obtém a solução para os problemas da saúde. Tal pensamento tem um fundamento histórico, que procuramos resumir a seguir.

Por volta do século IX, as hospedarias medievais evoluíram para casas de cuidados, sem médicos, como forma de permitir aos doentes um "morredouro" diferente da casa ou do ambiente coletivo em que estes viviam. Chamados *hospitalis pauperium*, esses locais - protótipos de Santas Casas - cuja concepção foi proposta e implementada após um congresso de Bispos católicos, em 816 d.C., introduziram o conceito de "nosokhomeion", hoje nosocômio.

A partir do século XVI, a evolução do conhecimento científico, fundamentado nos estudos da anatomia (Vesalius, da Vinci), da célula (Robert Hook - século XVII), da bacteriologia (Pasteur - século XIX) e da farmacologia científica moderna (século XIX), associado ao desenvolvimento de novas técnicas de cuidados aos doentes, permitiu incorporar o conhecimento médico a estas organizações de saúde, à época já denominadas hospitais.

No Século XIX, a prática do saber médico, associada à racionalidade científica, faz o hospital tornar-se um ambiente científico e, como tal, sujeito a protocolos e métodos previamente estudados e comprovados.

Em 1847, por exemplo, Semmelweiss e Florence Nightingale introduziram conceitos sanitários, com organização e estatísticas de atividades, tais como o fluxo de roupas, a organização dos espaços, a distribuição geográfica dos doentes na instituição, a oferta de alimentação adequada à doença e ao doente, entre outros processos.

A logística da organização hospitalar da época, que repercute ainda hoje, foi fortemente influenciada pela necessidade de se implantar hospitais para o atendimento em frentes de batalha, a fim de atender feridos e mutilados, com eficiência e agilidade. A ordenação e a hierarquia militar foram importantes contribuições para que os objetivos dessas instituições fossem atingidos.

A estrutura de funcionamento desse tipo de organização passou, portanto, a ter fluxos e processos cuja complexidade cresceu de maneira progressiva e indefinida, exigindo revisão e atualização constantes.

Muitos atendimentos passaram a ser intra-hospitalares, estimulando e proporcionando o aumento da instrumentalização e a sofisticação dos cuidados, mas isso implica a existência de diversas linhas de produção e a fragmentação dos processos de decisão assistencial, o que leva à distribuição de responsabilidades e de atividades por profissionais com conhecimentos diversificados.

No Brasil, a partir do século XX, os hospitais, além da assistência à saúde, passaram a agregar também as funções de ensino e de aprendizagem e pesquisa para a produção de conhecimento em saúde, tendo implicações importantes sobre o processo de auditoria em saúde, que serão discutidos adiante. Ao mesmo tempo, o sistema de saúde nacional, experimentou modelos assistenciais que variaram entre o campanhista – baseado em campanhas de vacinação nem sempre bem assimiladas pela população – e o de centros de saúde e ambulatórios especializados, que acabaram por convergir – nos casos de necessidade de cuidados complexos – para o hospital como forma terciária de atendimento; a complexidade crescente dos métodos de atendimento nesses ambientes agregaram, e continuam agregando, custos e valores que necessitam de gestão, controles e financiamento adequados.

No Brasil do final do século XIX e início do século XX, com a imigração de trabalhadores estrangeiros e o desenvolvimento da cultura de produção, tanto agrícola como industrial, foi-se configurando um novo modelo de organização do trabalho e dos trabalhadores.

Surgiram então os sistemas previdenciários, com foco na aposentadoria dos trabalhadores, mas também voltados para a criação de formas financiamento da assistência à saúde, compreendida como um benefício exclusivo de determinadas categorias, embora implantados de forma a socializar os custos e as demandas por saúde. Como resultado desses modos de organização, surgiram as Caixas de Aposentadoria e Pensões (CAP), propostas pela Lei Eloy Chaves, em 1923[2], e, posteriormente, os Institutos de Aposentadoria e Pensões (IAP), organizados por categorias profissionais, que, em 1966, foram agrupados para constituir um Instituto Nacional de Previdência Social (INPS)[3].

Nesse contexto, a assistência à saúde era objetivo secundário do INPS, mas sua necessária incorporação não tardou e, à sigla existente, agregaram-se mais duas letras – AM (Assistência Médica): surgia o Inamps, ainda voltado ao atendimento a trabalhadores, porém com ampliação do foco, passando a incluir assistência médica. Fruto de um movimento sanitarista crescente, a criação do Inamps representou uma conquista e um grande avanço do Sistema Nacional de Previdência e Assistência Social.

Somente em 1988, com a nova Constituição Brasileira, chamada "cidadã" e ainda vigente, o direito à saúde foi entendido como um direito de todos e um dever do Estado (Constituição Federal, art.196), o que garantiu a inclusão de grupos que até então não contribuíam financeiramente com os sistemas de saúde. Entretanto, esta Carta Magna não definiu as fontes de financiamento para o direito universal nem a amplitude exata da cobertura proposta. Estabeleceu, porém, por meio do art. 199, a possibilidade de participação da iniciativa privada no atendimento à saúde dos cidadãos. A Constituição criou o Sistema Único de Saúde (SUS) e extinguiu o Inamps.

Por ora, observemos que o SUS, o qual enfatizamos, é ÚNICO, estabelece diretrizes para a execução de ações de saúde no território nacional, independentemente da forma de contribuição pecuniária ou de financiamento da assistência, mas dependente da legislação que complementa e regulamenta seu exercício[4].

---

2 Disponível em: <www.previdencia.gov.br>. Acesso em: 14 nov. 2013.

3 Disponível em: <www.dataprev.gov.br>. Acesso em: 14 nov. 2013.

4 A discussão sobre fontes de financiamento da saúde, de grande interesse para a auditoria, será feita no Capítulo 4 desta obra. O funcionamento e os processos de assistência à saúde feitos pelo SUS serão apresentados ao longo dos capítulos que se seguem.

Na história da auditoria em saúde, e aqui especificamente da auditoria médica no Brasil, temos, entre os primeiros documentos oficiais, uma publicação do Conselho Regional de Medicina do Paraná, em 1983, no qual se lê que a auditoria médica " deve ter como único objetivo a elevação dos padrões técnico, administrativo e ético dos profissionais da área, bem como a melhoria das condições hospitalares, visando em conjunto a um melhor atendimento à população"[5].

Estas primeiras normativas constituíram a Resolução CFM n. 1466, de 1996, que foi revogada e substituída pela Resolução CFM n. 1614, de 2001, atualmente vigente.

Também o Conselho Federal de Enfermagem (Cofen) por meio da Resolução n. 266/2001, regulamenta e disciplina a função de enfermeiro auditor.

Tais legislações, aliadas ao conhecimento profissional em saúde, formam a base do processo de auditoria em saúde e devem ser entendidas como normativas para a análise dos atendimentos e a discussão das possibilidades de intervenção, tanto do ponto de vista legal quanto laboral do auditor.

1.3 Auditoria como ferramenta de gestão na saúde

No século XXI, empresas bem-sucedidas são aquelas que focam suas decisões na gestão do conhecimento.

Pensar, pesquisar, elaborar relatórios e apontar soluções são obrigações de profissionais que participam de atividades administrativas.

Um bom gestor deve ter profundo conhecimento técnico da área em que atua, mas também precisa estar informado sobre economia, finanças e a política global da empresa. Apenas a visão sistêmica permite que ele anteveja cenários e identifique oportunidades. Para obter e manter o sucesso empresarial ou profissional, não basta o conhecimento prévio; é preciso estar aberto ao aprendizado contínuo.

Se gestão do conhecimento constitui uma ferramenta gerencial para as empresas em geral, esta pode e deve ser aplicada em organizações de saúde, nas quais um forte componente de capital intelectual deve ser o contido no segmento Auditoria em Saúde.

Um sistema de Auditoria bem estruturado é aquele que, além de permitir o exercício de atividades de padronização, controle e normatização da área assistencial, também possa prover, ao corpo diretivo, informações e sabedoria que permitam a avaliação do momento presente da empresa e indicar tendências que apontem alternativas para o futuro.

A auditoria em saúde, que se iniciou como um ramo exclusivo da área médica, abriu espaço para profissionais da área de enfermagem e, por ora, com menor intensidade, estende-se a outras profissões do setor, passa por um contínuo aprimoramento, sendo hoje uma das mais poderosas ferramentas de gestão de organizações de saúde.

---

[5] TEBET. In: GONÇALVES, 2008.

Implantada no período de atuação do extinto Inamps, a função da auditoria restringia-se à análise de contas, tendo, na glosa parcial de procedimentos, seu principal foco de ação. Era uma atividade com características de policiamento, na qual não se desenvolvia praticamente política alguma de relacionamento com os prestadores de serviços, a não ser a financeira. Por conta dessa postura, o auditor passou a ser uma figura mal aceita, e sua função, mal interpretada pela classe médica e pela maioria das organizações de saúde.

A iniciativa privada, ao se organizar em empresas, trouxe a atividade da auditoria para dentro de suas organizações, de forma desalinhada com a função destas, o que acirrou ainda mais os conflitos, demonstrando a necessidade de que, tanto as classes profissionais, por meio de seus Conselhos Regionais e Federais, quanto as empresas, buscassem o aprimoramento das atribuições e da atuação das auditorias, bem como sua normatização ética e legal. As organizações privadas, prestadoras de serviços de saúde, buscaram criar mecanismos para evitar as glosas e incorporaram auditores em saúde, inicialmente focados na profilaxia dessas notas, objetivo até então divorciado da qualidade à assistência à saúde. A atuação dos auditores representantes das fontes pagadoras frequentemente estabelecia – e, em várias organizações, ainda estabelece – conflitos e divergências com a ação dos auditores destas organizações prestadoras. A intensa e desgastante discussão sobre tais divergências prejudica o relacionamento, nos níveis institucional e pessoal. Surge daí a necessidade de que, tanto as classes profissionais, por meio de seus Conselhos Regionais e Federais, quanto as fontes pagadoras, busquem o aprimoramento das funções e da atuação das auditorias, bem como sua normatização ética e legal.

Essas normatizações devem objetivar a qualidade da assistência, a racionalização dos custos e a preservação dos relacionamentos; o estabelecimento de contratos, nos quais as atuações desses profissionais sejam explicitadas e regulamentadas, torna-se um instrumento para organização, estabelecimento de limites de atividades, bem como de critérios de melhoria contínua da auditoria em saúde.

O papel do auditor, que etimologicamente provém do latim *audit*, relaciona-se à função de ouvir, o que, a princípio, implica a obtenção de informações verbais a respeito de determinado assunto ou prática. A auditoria, no entanto, utiliza não somente a audição, mas todos os sentidos, para buscar informações e associá-las ao conhecimento técnico, a fim de proporcionar mais qualidade à sua execução.

O emprego da função de auditor nos vários setores do cotidiano, especialmente nas atividades da área da saúde, possibilitou, mais do que uma coleta de informações, o entendimento das motivações de determinadas ações, permitiu avaliar a correção ou não das justificativas técnicas adotadas para a execução de um procedimento, possibilitou o confronto de diferentes propostas de atuação para a solução de um mesmo problema, e sua evolução consentiu, principalmente, estabelecer diversos modelos de atenção às atividades dos auditados, culminando com a produção de um grande volume de análises e de propostas de melhoria para a assistência em saúde como um todo.

O resultado de tais observações, que pela atuação da auditoria e da tecnologia da informação pôde ser mensurado, tratado estatisticamente e sintetizado na forma de relatórios de fatos circunstanciados, será apresentado como exemplo de atividade da auditoria em saúde, juntamente a propostas de atuação mais contemporâneas.

A auditoria em saúde produz informações de qualidade para apoio à gestão na área.

As atividades humanas, comerciais ou outras, não podem mais prescindir de informação. Vivemos a era da informação e do conhecimento, os quais capacitam os recursos humanos, tecnológicos ou gestores e orientam suas aplicações de forma eficaz e eficiente. Como os recursos de que dispomos são finitos, deve-se empregar todos os meios possíveis para poupá-los, lembrando sempre que, na área de atendimento à saúde, a não aplicação ou o retardamento de um recurso consagrado pode gerar grande volume de sofrimento ao indivíduo atendido.

Nenhum gestor, mormente na área da saúde, pode desconhecer a população sobre a qual atua, seja do ponto de vista epidemiológico (demográfico + nosológico + ambiental), seja do humano e social. Portanto, qualquer decisão que implique mudança na forma de prestar serviço deve, obrigatoriamente, estar baseada em informações de boa qualidade, o que só pode ser obtido por um bom sistema de coleta de dados, e este, por sua vez, acarreta a atuação de equipe técnica capacitada para tal.

Na área da saúde, é vital desenvolver um sistema de informação com dados produzidos por profissionais de suas áreas, sejam eles médicos, dentistas, enfermeiros, farmacêuticos, biomédicos, fisioterapeutas, terapeutas ocupacionais, nutricionistas ou psicólogos, entre outros.

É evidente que, com esta gama de profissionais, o sistema de busca de informação deve ser adequadamente discutido e entendido pela equipe, a fim de que os dados sejam corretamente tabulados, dentro de padrões preestabelecidos. Foge ao escopo deste trabalho discutir sistemas de informações, mas, sem dúvida, para que os dados obtidos se transformem em informação válida e segura para a tomada de decisões, é fundamental que se tenha um projeto realista, cujo cerne seja planejado conjuntamente pelos profissionais que nele atuarão. Características como simplicidade, padronização, facilidade de implantação e uso, dinamicidade, segurança e melhoria contínua devem ser os pilares de sustentação de tais projetos.

É missão do auditor em saúde obter e selecionar as melhores informações, para, com elas, produzir relatórios e pareceres que transformem as diferentes ações em saúde, inclusive as suas, em verdadeiros benefícios aos usuários dos sistemas. Para o seu trabalho, o auditor pode-se valer de inúmeras ferramentas, cuja construção adequada dará ao gestor em saúde subsídios para a tomada de decisões corretas e eficientes.

2 A AUDITORIA EM SAÚDE

A auditoria em áreas da saúde, embora recente, vem passando por mudanças radicais desde a sua proposição inicial até os nossos dias, e é sobre estas alterações que discorreremos a seguir.

O auditor em saúde deve conhecer as normas sobre as quais seu trabalho se estrutura e, nas suas atividades diárias, precisa respeitar os limites impostos pelos Conselhos Profissionais, mas, ao mesmo tempo, não pode deixar de utilizar as prerrogativas definidas pelos próprios Conselhos. No universo existente entre o que lhe é vedado e o que lhe é permitido, o auditor em saúde tem amplas condições de desempenhar um excelente trabalho, que possa garantir a adequada utilização dos recursos do financiamento em saúde, sem comprometer a qualidade da prestação dos serviços.

Perfil desejável para um auditor em saúde:

- Valores morais e éticos.
- Independência.
- Imparcialidade.
- Objetividade.
- Discrição.
- Cautela.
- Zelo profissional.
- Capacidade técnica abrangente e constantemente atualizada.

- Competências desejadas em um auditor em saúde:
  - *Humanas*: comunicação, relacionamento e proatividade.
  - *Funcionais*: domínio de processos, inovação, liderança e orientação para o cliente.

As organizações de saúde, ao se reorganizarem após o advento da Lei n. 9656/98, abriram espaço para ampliação da auditoria no setor, o que permitiu a elitização e a racionalização das funções, especialmente de auditores médicos e da área de enfermagem.

2.1 Ferramentas de controle e de redução de custos

O princípio norteador da aplicação das ferramentas de controle e redução de custos deve ser a coerência, com planejamento, programação e alocação de recursos em saúde, a fim de obter qualidade na assistência, com elevado grau de satisfação dos usuários. O impacto do uso dessas ferramentas deve-se traduzir também em melhoria da saúde da população.

2.1.1 Controle por meio dos bancos de dados

O foco da tecnologia da informação voltada à auditoria em saúde é a obtenção de dados e a geração de relatórios analíticos de utilização do sistema; para tanto, é preciso que os esquemas de captura de tais informações estejam alocados, preferencialmente nos locais de atendimento, ou seja, nos prestadores de serviços de saúde. Quando o sistema de dados permite o faturamento por parte do prestador, o registro do atendimento é mais fiel e, portanto, mais confiável. Entretanto, quando o prestador gera seu relatório em método diferente daquele no qual os elementos são analisados, a informação pode não ter a exatidão desejada. Como já foi dito, os dados devem ser obtidos de forma segura, a fim de que futuras decisões sobre atendimentos ou o gerenciamento destes não sejam construídos sobre terreno movediço.

Duas etapas são indispensáveis para que a geração de dados seja obtida de forma sólida e consistente:

- Cadastramento de prestadores e usuários, bem como de tabelas de relacionamento e faturamento.
- Contratação adequada junto aos tomadores e aos prestadores dos serviços[1].

[1] A contratação de prestadores é prevista pelo subsistema público e determinada por portarias específicas; no subsistema privado, sua regulamentação encontra-se nas Resoluções Normativas da ANS, especialmente as RN n. 42, 54 e 71, e suas atualizações.

As informações referentes a prestadores e a usuários devem ser obtidas em padrões previamente desenhados para o banco de dados e devem ser as mais completas possíveis. Merecem atenção especial o controle de dados nosológicos dos usuários e dos prestadores, bem como a estrutura física, os recursos diagnósticos e terapêuticos, a capacidade de atendimento por área ou especialidade, além dos componentes de custos do prestador.

Quanto à estrutura física, é fundamental conhecer todas as áreas da organização prestadora , como UTI, em todas as suas variedades, centro cirúrgico, centro obstétrico, berçário, quantidade de leitos disponíveis para cada setor ou especialidade, existência de unidades especializadas de hemodinâmica, hemoterapia, nutrição, lactário, ambulatórios clínicos e cirúrgicos, entre outras.

Uma classificação comparativa dos prestadores é útil para possíveis direcionamentos no atendimento e para a busca de melhor qualidade na atenção à saúde.

Os componentes do custo do atendimento devem ser distribuídos de forma a constituir grupos que possam receber a mesma intervenção. Em contas hospitalares, por exemplo, recomenda-se agrupar os componentes de custos de diárias, taxas, materiais de uso comum e especializados, medicamentos, exames complementares, honorários profissionais, incluindo a atuação de diferentes especialidades médicas ou serviços profissionais em saúde, e outros componentes específicos a cada atendimento.

A construção de gráficos – há várias formas e modelos –, com a distribuição percentual tanto da frequência como dos percentuais de custo de tais componentes, é útil e permite a visualização mais adequada dos integrantes, como demonstrado na Figura 2.1, a seguir. A escolha do modelo de gráfico deve ser feita com base na facilidade de identificação da informação, lembrando que a correção dos dados e o não congestionamento de informações são essenciais para uma análise visual e uma comunicação eficaz.

Figura 2.1 Gráfico de distribuição de custos assistenciais (exemplo simplificado)

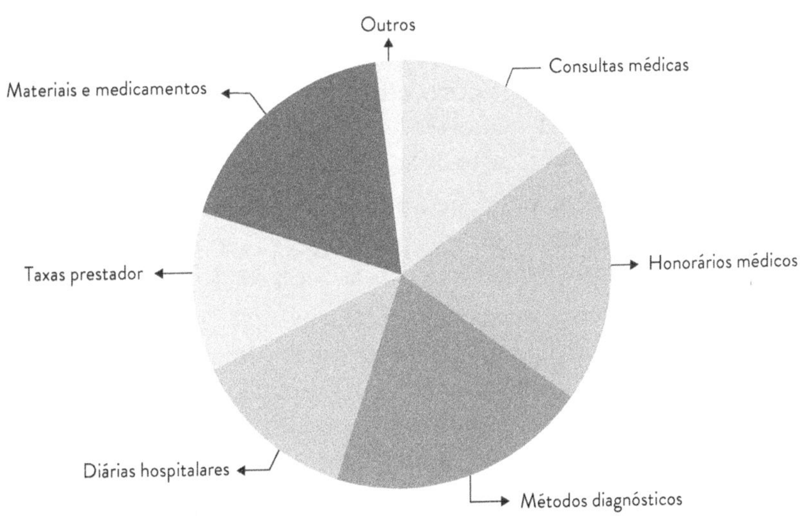

Para gerar relatórios é necessário fixar um período e verificar determinados parâmetros, como quantidade de consultas gerais ou especializadas, número absoluto de exames complementares ou relacionados às consultas naquele período, total de internações com a respectiva média de permanência, participação por tipo de procedimento (clínico, cirúrgico, obstétrico), determinação do perfil dos usuários que buscaram atendimento, padrão de utilização de cada prestador, entre outros itens que serão mais bem detalhados oportunamente, neste livro.

A fase de obtenção de dados, que corresponde à etapa de *controle* das ações em saúde, deve ser construída a fim de que cada relatório gerado pelo sistema seja cuidadosamente analisado pelo auditor. Em cada um deles, devem-se buscar possíveis inconsistências, por um lado, e informações que se traduzam em melhoria de serviços, por outro. Não raro, a primeira análise de um relatório suscita a geração de um segundo, que, por sua vez, pede a concepção de um terceiro, fazendo o auditor, à semelhança da construção de um diagnóstico clínico, obter informações e gerar conhecimento, o que, por si só, sugere mecanismos de adequação e correção de eventuais distorções.

2.1.2 Avaliação para determinação dos padrões de utilização dos serviços de saúde

Embora, hoje, possamos obter informações globais sobre o atendimento à saúde, os serviços desta área não são padronizados globalmente. O lançamento de um medicamento novo ou a modificação mais eficaz em algum material não chega com a mesma rapidez nem com similar intensidade a todos os locais de atendimento.

É importante, na aferição dos padrões de utilização dos serviços de saúde, que o auditor conheça as condições locais de atendimento, bem como os usos e costumes da região, a qualificação e o perfil dos profissionais envolvidos no atendimento, as recomendações das sociedades de especialidades e os protocolos de utilização das novas tecnologias.

O conhecimento do perfil da população assistida, uma classificação adequada dos prestadores, uma relação atualizada dos profissionais envolvidos e informações oriundas dos órgãos de regulação e das autoridades sanitárias são fundamentais para o estabelecimento dos padrões de utilização de serviços de saúde à população.

A *avaliação* desses paradigmas remete o gestor ao desenvolvimento de mecanismos capazes de gerar qualidade e eficiência na prestação dos serviços, destinando recursos físicos, humanos e financeiros compatíveis com as necessidades dos usuários do sistema.

Para tanto, é fundamental que o auditor visite o local da prestação dos serviços e verifique *in loco* as condições físicas de todos os setores do prestador, que possam causar impacto no atendimento, especialmente em hospitais, identificando as rotinas de atendimento, a existência e o cumprimento ou não destas, a existência de serviços terceirizados ou não e os responsáveis técnicos pelos diferentes serviços.

Uma lista pré-elaborada, na qual constem os itens considerados importantes, deve ser utilizada quando desta avaliação.

Vários modelos de avaliação da estrutura e da capacidade de atendimento dos prestadores são utilizados por empresas de auditoria, podendo ser obtidos e adaptados a cada caso.

Há por parte das diferentes associações de hospitais e clínicas, bem como do Sistema Único de Saúde (SUS), das operadoras de planos de saúde e de consultorias especializadas, vários modelos de avaliação da estrutura e da capacidade de atendimento. Customizações são frequentes, dada a especificidade de cada organização de saúde ou da fonte pagadora.

Sugere-se a elaboração de um lista básica (check list) que permita, em cada caso, detalhar elementos julgados importantes para a organização e sua finalidade.

Como exemplo, o Quadro 2.1 mostra um modelo reduzido de lista de itens que uma empresa de auditoria pode verificar para a avaliação do prestador de serviços de saúde que a estiver contratando. Tal lista pode ser desdobrada de acordo com a complexidade e a necessidade de serviço contratado.

Quadro 2.1 Lista de itens para verificação da estrutura hospitalar

Lista de itens para avaliação hospitalar
▪ Serviços básicos.
▪ Serviços diferenciados para o prestador.
▪ Especialidades médicas disponíveis.
▪ Serviços complementares de: ▪ diagnóstico por imagem; ▪ métodos gráficos; ▪ patologia clínica.
▪ Recursos físicos (instalações).
▪ Recursos humanos.
▪ Organização e funcionamento: organograma, comitês hospitalares, entre outros.
▪ Avaliação individualizada de setores: ▪ administração; ▪ conforto médico; ▪ Same (arquivo médico, prontuários); ▪ pronto atendimento comum e de alta complexidade; ▪ internação clínica e cirúrgica; ▪ UTI (geral, neonatal, pediátrica, coronariana); ▪ centro cirúrgico e obstétrico; ▪ serviços especiais; ▪ central de esterilização de material; ▪ serviço de nutrição e dietética; ▪ farmácia; ▪ vestiários, lavanderia; ▪ necrotério (morgue).

2.1.3 Mecanismos de regulação

Define-se a *regulação* dos atendimentos em saúde como uma atividade de gestão que possibilita aos sistemas de atendimento, sejam eles públicos ou privados, responder às demandas de saúde nas diversas fases em que ocorrem, ou seja, desde a manifestação da necessidade do atendimento até a sua conclusão. A regulação atua diretamente nos processos que resultam em ações de saúde.

Para a ANS, regulação "são meios e recursos técnicos, administrativos ou financeiros utilizados pelas operadoras de planos de assistência à saúde, com a finalidade de *gerenciar a demanda ou a utilização dos serviços assistenciais*, em compatibilidade com o disposto nos códigos de éticas profissionais, na Lei n. 9.656, de 1998, seus regulamentos e na legislação vigente"[2].

Neste livro, focalizaremos os mecanismos de regulação técnicos e administrativos, deixando os financeiros para a análise no capítulo relacionado ao financiamento das ações de saúde.

De acordo com a ANS, configuram mecanismos assistenciais de regulação:

- Procedimentos adotados para fins de autorização prévia.
  - Não autorização com base no rol de procedimentos e eventos em saúde e nas diretrizes de utilização reconhecidas pela ANS.
  - Atendimento básico realizado por médico ou odontólogo, no qual será realizado o encaminhamento a serviços especializados, quando necessário.
- Encaminhamento a determinados prestadores da rede credenciada, previamente definidos pela operadora, quando indicado um tratamento ou acompanhamento específico.
- Procedimentos cuja realização depende de procedimento anterior que indique sua necessidade, desde que esteja previsto nas Diretrizes reconhecidas pelo MS, pela ANS ou pelas Sociedades Médicas (reconhecidas pelo CFM e AMB).

Busca-se, por meio da Regulação, a otimização do atendimento, ou seja, o fornecimento ou o direcionamento do usuário que estiver demandando um serviço para a melhor alternativa assistencial disponível, no menor espaço de tempo possível.

Podemos diferenciar, de modo abrangente, dois tipos de regulação:

- **Macrorregulação.** Ações amplas, que atendem ao conjunto de um ou mais segmentos dos prestadores de ações de saúde. Relaciona-se, por exemplo,

[2] Disponível em: <www.ans.gov.br>. Acesso em: 14 nov. 2013.

à construção de redes geográficas de assistência, aos macroprocessos de atenção a urgências e emergências, e à legislação para um determinado setor, como faz a ANS.

- **Microrregulação.** Ações focadas em processos ou prestadores de ações de saúde, como recursos de liberação prévia de procedimentos, contratação de prestador, protocolos para exames ou procedimentos etc.

Para que a regulação seja eficaz, a construção de uma rede de atendimento deve basear-se no conhecimento da epidemiologia da população assistida e deve focar a qualificação dos prestadores, identificando nestes especialmente o dimensionamento da capacidade de atendimento, a disponibilidade, a localização geográfica, a acessibilidade e, fundamentalmente, a qualidade do serviço.

O processo de regulação deve prever a criação de um centro coordenador, que detenha informações para possibilitar o encaminhamento adequado dos usuários de forma quase instantânea, considerando que, em saúde, minutos são preciosos. Assim, além do mapeamento da rede de atendimento, é fundamental que haja informações em tempo real sobre ocupação e possibilidades de agendamento, em especial quando se tratar de regulação de emergências, como está previsto na legislação vigente.

Essa rede deve ser continuamente monitorada e atualizada; para tanto, os segmentos responsáveis pelo controle dos prestadores precisam informar adequadamente a regulação sobre mudanças nas características destes, evitando encaminhamentos desnecessários e reorientações que resultem em baixa qualidade de atendimento com custos agregados inúteis.

A análise retrospectiva e contínua dos atendimentos assim regulados permitirá a definição de critérios que indiquem a ampliação da capacidade de regulação, a contratação de novos serviços ou a priorização ou não de outro prestador; enfim, permitirá que se desenhem estratégias de atendimento em cenários variáveis, de forma que ofereçam sempre a melhor alternativa ao usuário, ajustando maior qualidade a menor custo.

O contrato entre o prestador do serviço e o gestor público ou privado deve contemplar as atividades de regulação e auditoria, especificando motivos, momentos, processos e indicadores, de forma a estabelecer claramente as condições operacionais e os limites de cada parte, a fim de que tal regulação ocorra de acordo com o citado anteriormente.

A seguir, no Quadro 2.2, reproduzimos trecho da publicação eletrônica "Duas faces da mesma moeda"[3], o qual destaca os processos que exigem preocupação e gestão por parte dos envolvidos na microrregulação dos serviços de saúde no âmbito da Saúde Suplementar:

[3] Disponível em: <http://bvsms.saude.gov.br/bvs/publicacoes/Regulacao_Saude_4.pdf>. Acesso em 15 abr. 2014.

Quadro 2.2 Processos da microrregulação que exigem atenção

Bloco temático	Principais temas
O acesso do paciente aos serviços.	▪ Autorização prévia. ▪ Formas de encaminhamento. ▪ O médico como encaminhador. ▪ O acesso à CTI. ▪ As transferências inter-hospitalares. ▪ O atendimento em situação de urgência/emergência.
As auditorias e os outros mecanismos de controles hospitalares diretos da operadora de plano sobre o serviço hospitalar.	▪ A periodicidade. ▪ O "rigor" da auditoria. ▪ As "regras" da auditoria. ▪ Os processos de negociação e as glosas. ▪ O conflito com o uso de materiais e medicamentos.
A "protocolização" do hospital.	▪ Protocolos próprios/Protocolos da operadora/Protocolos das sociedades. ▪ A adoção de pacotes.
A contratualização com o corpo clínico.	▪ A terceirização de serviços médicos. ▪ Conflitos entre direção e corpo clínico.
A "identificação" (simbiose) entre o prestador hospitalar e a operadora.	▪ O "peso" da operadora no volume total de atendimento do hospital. ▪ A comparação dos convênios com as várias operadoras. ▪ As "parcerias racionalizadoras" entre operadoras e prestadores.

O Quadro 2.2 mostra, de forma resumida, que há momentos e condições em que os participantes do processo de assistência à saúde se relacionam uns com os outros e têm, conforme os padrões estabelecidos para tal relacionamento, a oportunidade de proporcionar desde um excelente atendimento até uma experiência precária, que resulte em quebra de confiança ou de resultado em saúde, demonstrando a importância de um processo de regulação bem estabelecido e estrategicamente definido por todos os participantes.

2.1.4 Pareceres em auditoria em saúde

O resultado da análise feita pelo auditor em saúde deve ser expresso na forma de pareceres, cujos registros, tanto quanto possível, possam ser recuperados na íntegra.

É fundamental que, ao elaborar o parecer, o auditor observe alguns princípios:

1. Ser verdadeiro e expressar a análise do profissional no exercício da auditoria.
2. Ser técnico, ético e fundamentado em legislação vigente, literatura médica, estudos estruturados e suportados por evidências de qualidade, protocolos preestabelecidos, bulas de medicamentos ou produtos para a saúde, acordos de trabalho, decisões anteriores análogas que tenham obtido de comum

acordo com os participantes do processo, entre outros, evitando fundamentos e informações não comprovadas.

3. Expressar ou considerar, além do embasamento técnico, respostas às seguintes perguntas:
   a) Quem é o destinatário do seu parecer?
   b) Como o parecer será utilizado?
   c) Utilizei meu conhecimento em prol de um bom atendimento?
4. Ser claro e conclusivo, evitando expressões dúbias ou frases que não traduzam o desfecho do emissor.
5. Considerar o parecer como um prontuário médico e mantê-lo sob a sua guarda por um período de 20 anos, conforme a Resolução n. 1821/07 do Conselho Federal de Medicina.[4]
6. Ater-se à Resolução CFM n. 1614/2001[5], segundo a qual um auditor não autoriza nem nega o financiamento da execução de procedimentos ou tratamentos em saúde, ficando essa prerrogativa reservada ao gestor público ou privado[6].
7. Identificar-se claramente com algum tipo de assinatura, seja física ou eletrônica, que comprove a autoria do parecer.
8. Entregar o parecer à pessoa ou entidade que o solicitou, com o devido respeito às regras do sigilo profissional.
9. Caso o parecer seja emitido coletivamente, uma vez que existe essa possibilidade, é necessária a autenticação dentro dos seus limites de atuação.
10. Negar-se a expedir um parecer quando não se sentir em condições de fazê-lo com segurança ou com o devido conhecimento técnico sobre o tema solicitado.

Conceitos e termos de uso em auditoria

Os conceitos aqui apresentados, elaborados pelo Departamento Nacional de Auditoria do Sistema Único de Saúde (Denasus) e parcialmente modificados com base em dicionários da língua portuguesa, foram obtidos no site <www.denasus.gov.br>.

Erro. Juízo incorreto acerca de uma coisa ou de um fato derivado da ignorância ou do imperfeito conhecimento da realidade das circunstâncias concretas ou dos princípios legais aplicáveis. Ato involuntário de omissão, desatenção, desconhecimento ou má interpretação de fatos na elaboração de registros e demonstrações contábeis. Engano, equívoco.

---

4 Disponível em: <www.portalmedico.org.br/resolucoes/cfm/2007/1821_2007.htm>. Acesso em: 14 nov. 2013.

5 Disponível em: <www.portalmedico.org.br/resolucoes/CFM/2001/1614_2001.htm>. Acesso em: 14 nov. 2013.

6 As recomendações dos itens 5 e 6 podem ser absorvidas por todas as profissões que prestam assistência à saúde, porém as referências legais citadas nestes itens são específicas da auditoria médica.

Impropriedade. Qualidade daquilo que não é próprio, que não é adequado, que é inexato e inoportuno; consiste em falhas de natureza formal que não causam danos ao erário.

Irregularidade. Qualidade daquilo que é irregular; não conformidade com as normas gerais observadas por todos, como regras, leis, moral ou os bons costumes. Caracteriza-se pelo prejuízo ou malversação do dinheiro público, pelo desvio da finalidade do objeto ajustado e pela não observância dos princípios de legalidade, legitimidade, eficiência, eficácia e economia. É constatada a existência de desfalque, alcance, desvio de bens ou outra ação que resulte prejuízo quantificável para o erário.

Fraude. Ato voluntário de omissão e manipulação de transações; adulteração de documentos, registros e demonstrações contábeis, tanto em termos físicos quanto monetários; logro; ação praticada de má fé.

Dolo. Artifício ou expediente astucioso, empregado para a prática de um ato que traz proveito ao seu autor ou a terceiro.

Glosa. Segundo o Denasus, glosa é a rejeição total ou parcial de recursos financeiros do SUS, utilizados pelos estados, Distrito Federal e municípios de forma irregular ou cobrados indevidamente por prestadores de serviços, causando danos aos cofres públicos. Outras definições:

- Supressão total ou parcial de uma quantia averbada em um escrito ou em uma conta[7].
- Cancelamento ou recusa, parcial ou total, de um orçamento, de uma conta ou de uma verba, por serem ilegais ou indevidos[8].
- É a rejeição total ou parcial, com o consequente cancelamento, de verbas ou de parcelas de uma conta ou orçamento[9].
- Parecer negativo, crítica[10].

A glosa está contemplada também no universo normativo do SUS e em outras legislações aplicadas ao uso do dinheiro público, contribuindo para subsidiar a adoção de medidas voltadas a coibir desmandos gerenciais relacionados com a utilização de recursos.

Na elaboração de um parecer, o uso apropriado dos termos e a redação clara e técnica, sem referência a experiências pessoais, expressam profissionalismo e segurança. O cumprimento de prazos denota organização e zelo com o processo. Estes são os cuidados que expressam um trabalho exercido com qualidade.

[7] MICHAELIS. *Moderno dicionário da Língua Portuguesa*. São Paulo: Melhoramentos, 1998.
[8] FERREIRA, A. B. H. *Dicionário Aurélio da Língua Portuguesa*. São Paulo: Positivo, 2010.
[9] HOUAISS, Antonio. *Mini dicionário Houaiss da Língua Portuguesa*. São Paulo: Objetiva, 2004.
[10] NÁUFEL, José. *Novo dicionário jurídico brasileiro*. São Paulo: Forense, 2008.

3 Os diversos modelos e momentos da auditoria

Um bom sistema de auditoria em saúde deve desenvolver-se em três grandes segmentos:

1. **Auditoria operacional**. Foco no controle e na execução da assistência.
2. **Auditoria analítica**. Foco nos indicadores dos processos da assistência e da própria auditoria.
3. **Auditoria clínica**. Foco na melhoria da qualidade dos processos e resultados dos cuidados.

Discutiremos, a seguir, as principais características de cada um desses segmentos.

3.1 Auditoria operacional

Focada principalmente no controle da utilização dos serviços, na padronização de processos, na adequação de procedimentos e na solução de conflitos. Suas atividades consistem de: autorização prévia de procedimentos, visitação hospitalar ou auditoria concorrente (ambulatorial, hospitalar, domiciliar), busca e produção de informações relevantes em saúde e revisão de faturamento dos prestadores de serviços de saúde, entre outras.

O desempenho adequado do trabalho do auditor operacional depende diretamente de processos preestabelecidos pela auditoria analítica, que serão explanados mais à frente, principalmente nos segmentos de autorização e informação.

Não é mais aceito, no conceito atual de auditoria em saúde, que o auditor estabeleça pareceres com base apenas em seu próprio conhecimento ou na opinião pontual de um colega especialista. Ao tomar uma decisão ou fazer contato com os profissionais responsáveis pela assistência, para esclarecer divergência ou questionar determinado procedimento, o auditor deve estar respaldado em informações técnico-científicas que lhe permitam discutir indicações e adequações ou informar com conhecimento e isenção.

A atividade de visitação hospitalar ou de auditoria concorrente[1], por exemplo, deve focar a boa assistência, o plano de cuidados traçado para atender cada caso individualmente e a ação das diligências, e não apenas o controle e a comprovação da realização de procedimentos previamente planejados. Essa visitação também deve ser uma oportunidade para o auditor desenvolver um relacionamento harmônico com os médicos e demais prestadores de serviços, procurando, sempre que possível, aparar eventuais arestas, estabelecendo uma auditoria preventiva, com o intuito de evitar perda de qualidade na assistência ao paciente, bem como futuras discussões relativas a pagamento, pois, neste momento, o auditor em saúde é elo entre o prestador e a fonte de financiamento dos serviços ora executados.

Na revisão de faturamentos, por exemplo, cabe à auditoria operacional otimizar a função, priorizando seu tempo e conhecimento para análise de contas complexas. Para que isso seja possível, recomenda-se o desenvolvimento de pagamento por "pacotes"[2], o que reduz o trabalho de característica contábil e libera tempo para a discussão dos cuidados prestados e seus respectivos resultados.

Como a atuação da auditoria em saúde pode ocorrer em vários momentos – em relação ao evento, ao procedimento necessário ou ao atendimento do paciente –, os tipos de auditoria operacional podem ser classificados da seguinte forma:

Preventiva. Pré-auditoria, auditoria de liberação ou prospectiva. Tipo de auditoria que visa a analisar a adequação de proposta diagnóstica ou terapêutica a cada caso, segundo diretrizes em saúde e/ou respectivos contratos de atendimento na saúde suplementar.

Concorrente. Auditoria operativa, concomitante ou de leito hospitalar. Tipo de auditoria que ocorre durante a assistência propriamente dita e objetiva avaliar e ajustar o planejamento de cuidados.

Retrospectiva. Auditoria pós-evento, de revisão ou de contas. Tipo de auditoria que ocorre após os eventos de assistência e procura analisar a adequação do cuidado oferecido.

---

[1] Auditoria concorrente é uma modalidade de auditoria de acompanhamento da prestação de serviço durante sua execução. Serve de apoio aos profissionais da assistência e tem também caráter preventivo quanto à gestão de riscos passíveis de ocorrência durante o atendimento.

[2] Ver "Orçamentos históricos" no Capítulo 4.

3.1.1 Pré-auditoria, auditoria de liberação e prospectiva

O setor de regulação deve exercer o papel de pré-auditoria, ou de auditoria de liberação, a fim de verificar a pertinência ou não, do ponto de vista técnico ou contratual, de determinada solicitação de atendimento.

Entende-se por pré-auditoria, auditoria de liberação ou auditoria prospectiva a avaliação do médico auditor, visando à correta adequação entre o tratamento proposto pelo médico assistente e os melhores conhecimentos e parâmetros estabelecidos para determinados atendimentos.

Embora essa modalidade de auditoria esteja mais frequentemente voltada à liberação de procedimentos eletivos, ela também tem papel importante em emergências e, juntamente a todo o processo mais amplo da regulação, possibilita a disponibilização do melhor recurso para o atendimento, o que gera, do ponto de vista gerencial, menor custo com internações não resolutivas.

A participação do enfermeiro auditor, entre outros profissionais de saúde, também é importante na elaboração de planos de cuidados, dependendo dos casos encaminhados para tal avaliação.

Profissionais administrativos devem avaliar as normas contratuais previstas para os atendimentos contratados nos sistemas de saúde suplementar, quando da solicitação de procedimentos que necessitam de autorização prévia, antes que a auditoria em saúde o faça.

Na Saúde Suplementar, os contratos firmados após a promulgação da Lei n. 9656/98 têm garantidas coberturas mínimas que são revistas e atualizadas, em média, a cada 2 anos, e a operadora pode aceitar ou não cobrir outros procedimentos além do mínimo que a lei prevê.

A construção do chamado Rol de Procedimentos é feita por meio de consultas públicas que propõem procedimentos novos ou até então não incorporados. Assim, mediante justificativas, tais condutas são submetidas a critérios técnicos pela ANS e podem ser incorporadas ou não ao novo Rol. Podem participar dessas consultas todos os segmentos envolvidos nos processos de atendimento: público em geral, prestadores, operadoras e órgãos públicos.

Alguns dos procedimentos relacionados na cobertura dos planos da saúde suplementar possuem as chamadas diretrizes de utilização (DUT), que são publicadas juntamente às Resoluções Normativas que as instituem. A operadora pode exigir que os critérios estabelecidos por essas diretrizes sejam preenchidos; caso isso não ocorra, do ponto de vista administrativo, o atendimento pode ser recusado, sem a necessidade de arbitramento por outro profissional.

A ANS também disponibiliza, em seu site ou em publicações impressas, as Diretrizes Clínicas na Saúde Suplementar, com a Associação Médica Brasileira, nas quais são apresentados, com base em evidências, estudos que permitem orientar decisões clínicas, servindo como boa fonte de consulta para o exercício, tanto do profissional executante, como da auditoria em saúde.

Como o volume de conhecimento em saúde cresce em um ritmo tal que os profissionais nem sempre conseguem se manter atualizados, pesquisas em bases de dados reconhecidamente sólidas, publicações como as referidas no parágrafo anterior e revisões constantes destas são de capital importância para que profissionais da saúde ofereçam e pratiquem assistência com qualidade.

Por esse motivo, no processo de auditoria prospectiva, determinadas propostas terapêuticas podem apresentar divergências. Um dado empírico, fundamentado na experiência do autor em trabalho junto à operadora de plano de saúde, demonstra que essa desavença inicial corresponde a cerca de 16% das solicitações que são submetidas a este momento da auditoria em saúde.

Nessa eventualidade, o recomendado é sempre buscar a concordância entre o médico assistente e o auditor (ou o serviço no qual este atua); porém, quando não se alcançar um acordo entre as partes, há uma determinação legal para a Saúde Suplementar, denominada Resolução n. 8, do Conselho Nacional de Saúde Suplementar[3], que, em seu art. 4º, determina a busca de uma terceira opinião ou junta médica, a qual deve ser feita por profissional cuja capacidade e conhecimentos médicos sejam reconhecidos e acordados pelo médico assistente e pela instituição responsável pela auditoria, e o consentimento do paciente/beneficiário[4].

O registro das solicitações inadequadas ou incorretas e seus motivos e consequências, bem como dos motivos dos prestadores que as fazem, permite que se estabeleçam padrões quantificáveis, que podem ser usados pelos gestores na renovação ou não de contratos e no estabelecimento de metas gerenciais que produzam maior qualidade nos processos.

Este momento da auditoria é particularmente delicado, pois, invariavelmente, a solicitação de um procedimento médico gera ansiedade e apreensão no paciente que será objeto dele.

Grande parte dos conflitos entre pacientes e gestores públicos e privados de serviços de saúde ocorre no processo de liberação, muitos dos quais terminam em órgãos de defesa do consumidor e, em volume progressivamente crescente, em determinações judiciais.

---

[3] Disponível em: <www.ans.gov.br>. Acesso em: 14 nov. 2013.
Para a ANS, em casos de divergência clínica entre o profissional requisitante e a operadora, as seguintes ações devem ocorrer:

- O auditor deverá encaminhar ao profissional assistente, por escrito, documento contendo as razões da discordância.
- A decisão caberá a um profissional escolhido de comum acordo entre as partes, com as despesas arcadas pela operadora.
- O procedimento ou o serviço solicitado pelo médico assistente deverá ser autorizado pela operadora, de modo a atender os prazos previstos pela RN n. 259, de 2011. As operadoras deverão fornecer ao beneficiário laudo fundamentado, quando solicitado, bem como cópia de toda a documentação relativa às questões de impasse que possam surgir, decorrentes da utilização dos mecanismos de regulação.

[4] Para detalhes adicionais sobre a legislação relacionada a esta modalidade de auditoria, ver Capítulo 5.

A chamada "judicialização da saúde" é objeto de obras específicas[5], tamanha a importância e a diversidade de entendimentos produzidos pela interferência legal na relação médico-gestor-paciente.

O impacto das ações legais no processo de atenção à saúde tem gerado desequilíbrio orçamentário na área pública e, isoladamente, impacto significativo na sinistralidade[6] das operadoras de planos de saúde, o que, em muitos casos, não é considerado previamente no cálculo atuarial utilizado para precificar o plano, pois, fundamentado na solicitação médica e na Lei n. 8078/90 (Código de Defesa do Consumidor), o juiz pode determinar cobertura acima da prevista em contrato.

Procedimentos que envolvem órteses e próteses sem evidência científica sólida e medicações quimioterápicas consideradas experimentais pelas auditorias médicas são as principais fontes desse tipo de divergência judicialmente reclamada.

A visão judicial focada no caso individual pode repercutir no coletivo dos indivíduos cobertos por determinado contrato, seja no aspecto econômico, seja no social da cobertura estendida pela decisão. A propósito disso, o ministro Marco Aurélio Mello[7], analisando os dispositivos legais, especialmente o Código de Defesa do Consumidor, comenta o fato de "as operadoras de planos de saúde viverem sob o risco do que se denomina 'jurisprudência paternalista'", e acrescenta:

> [...] entender que as operadoras são obrigadas a prestar qualquer coisa de que o cliente necessite acaba por levar à ruptura do equilíbrio econômico-financeiro dos referidos contratos, situação que, embora favoreça o indivíduo que pleiteou a intervenção judicial, pode prejudicar o universo de beneficiários do plano, caso a seguradora não possua condições financeiras de arcar com o custo.

A avaliação criteriosa dos motivos que determinam as decisões judiciais e seus impactos na população atendida pode ser um dos focos de análise e de adoção de planos de ação da auditoria de liberação.

Atenta ao volume crescente da interferência judicial na área da saúde suplementar e visando prover instrumento que melhorasse o crescente volume de embates entre beneficiários e OPS, a ANS publicou, em 2010, a Resolução Normativa n. 226[8],

[5] MELLO, M. A. et.al.; CARNEIRO, A. F. (coord.). *Planos de saúde*: aspectos jurídicos e econômicos. Rio de Janeiro: Forense, 2012.

[6] De forma simplificada, o índice de sinistralidade é obtido calculando-se a relação percentual entre os custos exclusivamente assistenciais de uma operadora em determinado espaço de tempo e as receitas de contraprestações no mesmo período. Portanto, Sinistralidade = Custos assistenciais/Receitas (em %). A ANS define sinistralidade como índice de despesa assistencial. Este cálculo não leva em conta as despesas administrativas ou com a comercialização dos planos.

[7] MELLO, M. A. et.al.; CARNEIRO, A. F. (coord.). Op. cit., 2012.

[8] Disponível em: <www.ans.gov.br/index2.php?option=com_legislacao&view=legislacao&task=PDFAtualizado&format=raw&id=147>. Acesso em: 14 nov. 2013.

que instituiu a Notificação de Investigação Preliminar (NIP)[9]. Em termos sintéticos, esta normativa prevê:

> Art. 1. [...]
>
> § 1. O procedimento da NIP consiste em um instrumento que visa a solução de conflitos entre consumidores e operadoras de planos privados de assistência à saúde, acerca das demandas de negativa de cobertura.
>
> § 2. As demandas de negativa de cobertura a serem processadas na NIP restringem-se aos casos em que o procedimento ou o evento em saúde ainda não foi realizado ou foi realizado às expensas do consumidor.
>
> Art. 7. A NIP é constituída das seguintes fases:
>
> I – recebimento de demanda de negativa de cobertura;
>
> II – contato com o consumidor ou interlocutor;
>
> III – notificação da operadora;
>
> IV – recebimento e processamento da resposta da operadora; e
>
> V – elaboração de Análise Conclusiva e processamento da resposta da operadora.
>
> Art. 10. Na hipótese de confirmação da negativa de cobertura pelo consumidor ou interlocutor, a operadora será notificada, conforme modelo do anexo I, para que, no prazo de até 5 (cinco) dias úteis, apresente resposta à notificação.

Também, nessa situação, a análise contratual e, se necessária, a avaliação médica devem produzir o embasamento adequado para justificar uma eventual negativa.

A resolução ideal de divergências deve ser feita por conciliação e objetivando a melhor condição de assistência à saúde, com a adequação dos recursos necessários à sua consecução.

Para as negativas de atendimento apresentadas por OPS, a ANS publicou, em março de 2013, a Resolução Normativa n. 319[10], que, vigorando a partir de 7 de maio de 2013, propõe que o beneficiário possa solicitar negativas por escrito, as quais devem ser atendidas no prazo máximo de 48 horas e conter o embasamento técnico e legal que as justifiquem.

A solução judicial ou regulamentar nem sempre representa a melhor solução em saúde, visto que pode consolidar uma proposição técnica com indicação duvidosa para um exame diagnóstico ou para um tratamento de saúde.

---

9 A RN 343/2013 revogou a RN 226 e alterou a nomenclatura da NIP para Notificação de Intermediação Preliminar, além de dividir as referidas notificações em:
I. NIP assistencial: a notificação que terá como referência toda e qualquer restrição de acesso à cobertura assistencial; e
II. NIP não assistencial: a notificação que terá como referência outros assuntos que não a cobertura assistencial, desde que o consumidor seja diretamente afetado pela conduta e a situação seja passível de mediação.
Consulte: <www.ans.gov.br> para mais detalhes. Acesso em: 10 jul. 2014.

10 Disponível em: <www.ans.gov.br/index2.php?option=com_legislacao&view=legislacao&task=PDFAtualizado&format=raw&id=2373>. Acesso em: 14 nov. 2013.

Aqui, vale enfatizar o conceito da chamada prevenção quaternária, termo cunhado por Marc Jamoulle[11], incorporado pela World Organization of National Colleges, e motivo de vários congressos e eventos médicos, que chama a atenção da comunidade científica e da sociedade em geral para as consequências de indicações de intervenções médicas inapropriadas, quer por serem desnecessárias quer por serem exageradas[12].

Durante o relacionamento entre paciente/beneficiário, médico assistente e médico auditor de liberação, é fundamental entender o vínculo existente entre essas partes e as múltiplas motivações das ações de cada uma delas; aliás, o estudo dessas relações isoladamente justifica uma obra à parte.

No Quadro 3.1, a seguir, procuramos esquematizar algumas dessas relações, entendendo que, diante de um processo regulatório, como uma auditoria de liberação, a pessoa é, ao mesmo tempo, objeto da assistência (paciente) e beneficiária de um plano de saúde ou de um sistema público de atenção.

Regulação na saúde suplementar:

Paciente e beneficiário são a mesma pessoa.

Quadro 3.1 Comparativo de visões sobre o paciente/beneficiário

Paciente (frente ao médico)	Beneficiário (frente ao plano)
1. O médico assistente é o *gestor clínico do caso.* 2. *Escolha voluntária* (referência). 3. Relação pessoal (olho no olho). 4. Atenção médica individual.	1. O *gestor administrativo do caso* é um médico regulador. 2. *Escolha voluntária ou por adesão* (Empresa). 3. Relação impessoal (contato por terceiros ou a distância). 4. Atenção médica no coletivo.

É fundamental entender que, no relacionamento da pessoa como paciente ou beneficiária, os profissionais envolvidos têm a saúde como meta.

Como estamos considerando relações profissionais com objetivos, métodos e normas variadas, deve-se ponderar também que, nas diversas relações entre todos os envolvidos, pode haver interesses múltiplos e por vezes divergentes.

Como exemplo, e também de forma esquemática, o Quadro 3.2 relaciona as várias interfaces e os interesses de cada uma delas no que se refere a um atendimento oncológico.

[11] JAMOULLE, M. "Quaternary prevention". Disponível em: <www.ulb.ac.be/esp/mfsp/quat-en.html>. Acesso em: 14 nov. 2013; NORMAN, A. H.; TESSER, C. D. Prevenção quaternária na atenção primária à saúde: uma necessidade do Sistema Único de Saúde. *Cad. Saúde Pública 2009*: 25(9): 2012-2020.

[12] Leia mais sobre o tema em: <ww.unimed.coop.br/portalunimed/flipbook/federacao_pr/revista_ampla/28/files/assets/basic-html/page25.html>. Acesso em: 15 mai. 2014.

Quadro 3.2 Inter-relações de enfoques dos múltiplos participantes em assistência oncológica

Interfaces dos vários segmentos que atendem o paciente oncológico							
	Paciente/ beneficiário	Profissional de saúde	Organização de saúde diagnóstica e terapêutica	Operadora	Fornecedor de insumos	Ministério da Saúde/ANS	Judiciário
Biológica	Doença grave e progressiva	Opções de tratamento para obter a cura	Opções de tratamento	Opções de tratamento	Pesquisa	Pesquisa	
Social	Compromete a família	Epidemiologia	Prestação de serviços	Mutualismo	Desenvolvimento de novos produtos	Epidemiologia	Bem comum
Humana	Sofrimento	Cuidado	Cuidado	Função social		Atenção à saúde	Atenção à saúde
Econômica	Perda laboral	Serviço	Produção	Gestão/ regulação	Produção e venda	Conitec	

Como se pode ver, ao analisar a relação de todo participante com cada uma das dimensões sugeridas – biológica, social, humana e econômica –, encontraremos vários objetivos e, consequentemente, vários interesses permeando relações que, apesar de diversas, têm como pano de fundo o tratamento oncológico. E é justamente a diversidade de visões e de interesses que pode levar à divergência de propostas entre os participantes.

Novamente, ressaltamos a importância de um processo de regulação/auditoria no momento de conciliar as variáveis participantes do processo.

O trabalho da auditoria de liberação ou prospectiva reside fundamentalmente na análise e na produção de ferramentas ou de metodologias que, embasadas em conhecimento sólido, possibilitem não só a prevenção de dissabores com o processo, mas que conduzam a assistência para soluções de qualidade.

Um grupo de auditores do Sistema Unimed do Paraná desenvolveu um trabalho destinado à melhoria do processo de liberação de procedimentos para o Intercâmbio do Sistema Unimed[13]. Esse trabalho, que pode ser verificado no site <www.intercambiounimed.com.br> e recebeu o nome de Racionalização do Atendimento,

[13] Intercâmbio do Sistema Unimed é a relação definida por norma daquele sistema, que permite que determinado paciente que tenha contratado seu plano com uma Singular Unimed de uma região possa ser atendido em outra Singular Unimed de outra região e que aconteçam os respectivos repasses para o custeio desse atendimento.

informa o médico, a sua secretária ou mesmo o paciente/beneficiário de quais documentos poderão ser solicitados pela auditoria médica para a análise das solicitações dos procedimentos que são efetivamente regulados. Para desenvolvê-lo, processo que durou aproximadamente 1 ano, um grupo de auditores médicos de diversas especialidades analisou a Classificação Brasileira Hierarquizada de Procedimentos Médicos (CBHPM), tabela instituída pela Associação Médica Brasileira, que codifica os mais de 4 mil procedimentos médicos, selecionando aqueles que deveriam passar por processo de liberação prévia (em torno de 25%), e estabeleceu o padrão de documentação necessária para que a análise da auditoria fosse feita. A intenção desse trabalho é fazer a guia de solicitação de procedimentos ser encaminhada à auditoria com os respectivos comprovantes da sua necessidade, evitando idas e vindas do paciente aos locais de liberação presencial.

Essa proposta de racionalização, que pode e deve ser ampliada progressivamente para a liberação via *web*, objetiva dar mais conforto ao paciente e também mais segurança ao processo de atenção à saúde como um todo, prevenindo retrabalhos e discussões por detalhes menos importantes para cada caso.

Trabalhos como o descrito constituem ações passíveis de execução por auditores em saúde comprometidos com a qualidade dos processos.

Caso de auditoria prospectiva – Exemplo

Para exemplificarmos o trabalho da auditoria em saúde e para facilitar seu entendimento, visando maior objetividade, consideremos o caso de saúde suplementar de um paciente fictício, que será resumido e apresentado com os dados clínicos relevantes para a discussão da auditoria.

Escopo do caso

Em uma operadora, há fluxo de avaliação prévia de solicitações por um funcionário que conferia a documentação dos beneficiários do plano, constatando que a situação deles estava regular do ponto de vista administrativo.

Um auditor médico, contratado pela operadora, é chamado para dar um parecer sobre a solicitação para determinado paciente.

Paciente:

Mulher, 20 anos, 1 filho.

Justificativa do médico assistente:

Dor em hipocôndrio direito de média a grande intensidade, há cerca de 1 ano, com dispepsia à ingestão de alimentos gordurosos.

Dados da ultrassonografia:

Múltiplos cálculos no interior da vesícula biliar, medindo entre 0,4 cm a 0,8 cm; parede da vesícula tem espessura normal; sem evidências de cálculos nas vias biliares.

Solicitação do médico assistente:

- Internamento de um dia.
- Colecistectomia por videolaparoscopia.
- Conjunto de instrumentos para videolaparoscopia (taxa para reuso).
- Clips metálicos (6 unidades).

Codificação pela CBHPM:

3.10.05.49-7 – Colecistectomia sem colangiografia por videolaparoscopia.

Análise da auditoria:

1. Médico devidamente habilitado para o procedimento solicitado.
2. Quadro clínico e ultrassonográfico compatível com a solicitação.
3. Técnica proposta sustentada por evidências científicas para o caso e prevista no rol de procedimentos cobertos da ANS.
4. Hospital proposto ao procedimento legalmente habilitado para funcionar e regularmente inscrito no Cadastro Nacional de Estabelecimentos de Saúde, com as devidas habilitações para videocirurgia.
5. Conjunto de instrumentos para a execução do procedimento por videolaparoscopia contratado junto a este prestador e adequadamente composto para o procedimento.
6. Os clips solicitados são efetivamente necessários na técnica cirúrgica proposta e sua codificação está devidamente registrada na Anvisa; verificado no mesmo site desta se há notificações de eventos adversos para os materiais solicitados e constatada a negativa.
7. Paciente recebeu, entendeu e assinou consentimento informado para a realização do procedimento.

Parecer da auditoria:

O procedimento colecistectomia videolaparoscópica solicitado para a paciente pelo médico assistente é compatível com a melhor evidência em saúde e adequadamente indicado para o caso. As habilitações dos envolvidos são compatíveis com a legislação atual.

Parecer da auditoria médica:

Favorável.

Conclusão:

O documento (ou o arquivo digital) é enviado à administração da operadora, que emite a autorização para a realização do procedimento a todos os interessados (prestadores e paciente).

Comentários:

1. O médico assistente teve a preocupação de indicar o procedimento adequado para ser realizado com material de qualidade e prestador devidamente habilitado.
2. O auditor médico buscou comprovação e embasamento técnicos para os vários componentes do processo, o que culminou com a autorização. Tal avaliação tem por finalidade prevenir riscos relativos ao procedimento proposto e dar maior segurança ao atendimento do paciente.
3. Eventuais divergências entre a indicação do médico assistente e do médico auditor devem ser dirimidas entre os profissionais, conforme preceitua a Resolução n. 1614/2001 do Conselho Federal de Medicina, e, caso não se obtenha consenso, devem ser adotadas medidas para uma terceira opinião (Resolução Consu n. 8).
4. O auditor não autorizou o procedimento; apenas verificou a adequação da indicação. A autorização compete à operadora de planos de saúde, por meio de seu representante legal.
5. O processo todo está permeado por regras contratuais entre a fonte de financiamento (operadora) e os prestadores, as quais devem estar previamente estabelecidas.
6. O fluxo desse processo deve ser planejado para que sua realização seja ágil, permitindo a resposta definitiva ao beneficiário, conforme prevê a legislação.

Em seu art. 4º, a Resolução Consu n. 8 define que:

As operadoras de planos ou seguros privados de assistência à saúde, quando da utilização de mecanismos de regulação, deverão atender às seguintes exigências:

IV – garantir ao consumidor o atendimento pelo profissional avaliador no prazo máximo de 1 dia útil a partir do momento da solicitação, para a definição dos casos de aplicação das regras de regulação, ou em prazo inferior, quando caracterizada a urgência.

7. A remuneração dos prestadores será feita com base em tabelas contratadas para cada componente do processo. Por exemplo:
   a) A liberação do honorário para o cirurgião já prevê a remuneração dos demais membros da equipe cirúrgica (auxiliares, anestesista).
   b) A liberação do internamento remunerará a diária hospitalar, conforme acomodação contratada entre beneficiário e operadora, e também as taxas (internamento e taxa de sala cirúrgica, entre outras contratadas), os materiais e os medicamentos necessários ao ato cirúrgico liberado.
   c) Os materiais especiais que foram solicitados para o procedimento exemplificado, em conjuntos chamados *kit*[14], devem fazer parte do acordo com a fonte de financiamento.
8. Eventuais intercorrências decorrentes do procedimento deverão ser reajustadas entre as partes, respeitadas as contratações entre elas, mas, em nenhuma hipótese, o paciente deverá deixar de receber o tratamento necessário.
9. Pode haver ações de auditorias concorrente e retrospectiva até a finalização do processo de atendimento.
10. Para a Saúde Suplementar, as exclusões contratuais legais para cobertura estão previstas no art. 10º da Lei n. 9656/98[15].

De acordo com o art. 10 da Lei n. 9656/98, estas são algumas das situações em que pode haver exclusão contratual:

> [...]
>
> I – tratamento clínico ou cirúrgico experimental;
>
> II – procedimentos clínicos ou cirúrgicos para fins estéticos, bem como órteses e próteses para o mesmo fim;
>
> III – inseminação artificial;
>
> IV – tratamento de rejuvenescimento ou de emagrecimento com finalidade estética;
>
> V – fornecimento de medicamentos importados não nacionalizados;
>
> VI – fornecimento de medicamentos para tratamento domiciliar;
>
> VII – fornecimento de próteses, órteses e seus acessórios não ligados ao ato cirúrgico;
>
> IX – tratamentos ilícitos ou antiéticos, assim definidos sob o aspecto médico, ou não reconhecidos pelas autoridades competentes;
>
> [...]

---

[14] Kits: corresponde a vários itens de materiais que formam um conjunto pré-definido para a utilização em atendimento ou procedimentos cirúrgicos previsíveis.

[15] Disponível em: <www.planalto.gov.br/ccivil_03/leis/l9656.htm>. Acesso em: 14 nov. 2013.

Na Saúde Suplementar, além do mecanismo de regulação descrito, também pode ser aplicado outro recurso de regulação que é permitido e regulamentado pela RN n. 162/2007 e que envolve diretamente a participação da auditoria em saúde prospectiva.

Esta Resolução estabelece adequações de prazos de carência para o atendimento a doenças ou lesões preexistentes e permite a imputação de cobertura parcial temporária (CPT).

Definição de cobertura parcial temporária (CPT) pelo Glossário temático do Ministério da Saúde:[16]

> Fem. Sin. CPT. Cobertura assistencial que admite, por um período ininterrupto de até 24 meses, contados a partir da data de contratação ou adesão ao plano privado de assistência à saúde, a suspensão da cobertura de procedimentos de alta complexidade (PAC), leitos de alta tecnologia e procedimentos cirúrgicos, relacionados exclusivamente às doenças ou lesões preexistentes (DLP) declaradas pelo beneficiário ou seu representante legal por ocasião da contratação ou adesão ao plano privado de assistência à saúde.

Tal entendimento está assim definido na RN n. 162, alterada pelas RN n. 195 e 200/2009, a saber:

Art. 2. Para fins desta Resolução, consideram-se:

I – Doenças ou Lesões Preexistentes (DLP) aquelas que o beneficiário ou seu representante legal saiba ser portador ou sofredor, no momento da contratação ou adesão ao plano privado de assistência à saúde, de acordo com o art. 11 da Lei n. 9.656, de 3 de junho de 1998, o inc. IX do art 4º da Lei n. 9.961, de 28 de janeiro de 2000 e as diretrizes estabelecidas nesta Resolução;

II – Cobertura Parcial Temporária (CPT) é aquela que admite, por um período ininterrupto de até 24 meses, a partir da data da contratação ou adesão ao plano privado de assistência à saúde, a suspensão da cobertura de Procedimentos de Alta Complexidade (PAC)[17], leitos de alta tecnologia e procedimentos cirúrgicos, desde que relacionados exclusivamente às doenças ou lesões preexistentes declaradas pelo beneficiário ou seu representante legal;

[16] BRASIL. Ministério da Saúde. *Glossário temático: saúde suplementar/Ministério da Saúde*, Agência Nacional de Saúde Suplementar. 2. ed. Brasília: Ministério da Saúde, 2012.

[17] Os procedimentos de alta complexidade são assim definidos pela ANS e essa atribuição é publicada juntamente ao Rol de Procedimentos.

III – Agravo como qualquer acréscimo no valor da contraprestação paga ao plano privado de assistência à saúde, para que o beneficiário tenha direito integral à cobertura contratada, para a doença ou lesão preexistente declarada, após os prazos de carências contratuais, de acordo com as condições negociadas entre a operadora e o beneficiário;

[...]

Ressaltamos algumas considerações sobre o tema:

1. Ao contratar o plano, o beneficiário que ingressar em plano regulamentado individual, familiar ou coletivo, no qual conste previsão de cláusula de agravo ou cobertura parcial temporária, deverá informar à contratada, por meio de documento denominado Declaração de Saúde, o conhecimento de Doenças ou Lesões Preexistentes. Trata-se de um questionário, que deverá ser formulado de maneira clara e em linguagem simples, no qual o beneficiário deverá informar seu conhecimento sobre suas condições de saúde, atuais ou pregressas. A comunicação para essa necessidade é feita por meio de Carta de Orientação ao Beneficiário.
2. O preenchimento desse formulário pode ser feito, se necessário, mediante Entrevista Qualificada, na presença de médico que oriente o beneficiário. Para isso, este poderá utilizar médico do plano ou optar por outro de sua confiança, situação em que o pagamento do profissional escolhido será de sua responsabilidade.
3. As informações prestadas serão avaliadas por médico da OPS, que sugerirá à administração da operadora a aplicação ou não de prazos de carência variáveis, exclusivamente para os procedimentos de alta complexidade.
4. A aplicação ou não desses prazos deverá ser comunicada por escrito ao beneficiário, a fim de que ele tenha ciência, e deverá fazer parte da documentação utilizada por ele para uso do plano.
5. As cláusulas de cobertura parcial temporária nos casos de DLP deverão mencionar os procedimentos suspensos de forma clara, relacionados diretamente à doença ou lesão descrita no contrato, limitando-os aos atos de natureza cirúrgica, internações em leitos de alta tecnologia e procedimentos de alta complexidade, devendo, estes últimos, ser identificados com a indicação numérica completa.
6. Para não cumprir carência, o beneficiário poderá recorrer, por meio de aditivo contratual, ao agravo, que permitirá o acréscimo de valores nas contraprestações devidas em troca da redução dos prazos de carência.
7. O beneficiário que omitir conscientemente qualquer doença ou lesão preexistente poderá, mediante processo administrativo, sofrer efetiva implantação de período de carência a partir da comprovação da omissão ou poderá optar por agravo para poder usufruir do plano sem esta.
8. Não se aplica CPT para casos de urgência e emergência comprovada, mas, no caso de necessidade de atendimento para procedimento que esteja sob

CPT, o plano de saúde deverá providenciar o atendimento nas primeiras 12 horas, com as coberturas de plano ambulatorial, após o que a OPS deverá providenciar todo o processo de remoção para hospital credenciado pelo SUS para a continuidade do atendimento.

9. Todas as fases do processo que envolvem CPT deverão ser documentadas e fazer parte do contrato entre beneficiário (individual ou coletivo) e operadora.

O papel da auditoria em saúde nesta modalidade de regulação consiste em:

1. Elaborar, de forma regulamentar, as perguntas que farão parte da declaração de saúde ou da entrevista qualificada.
2. Elaborar as correlações entre as doenças ou lesões declaradas e os procedimentos de alta complexidade atribuídos pela ANS.
3. Analisar as declarações de saúde e buscar esclarecimentos, quando necessário, sobre respostas dúbias ou incompletas.
4. Oferecer parecer sobre a aplicação de CPT para os diversos casos analisados.
5. Avaliar criteriosamente o resultado de tais ações e propor melhorias nos processos relacionados a essa atividade.

3.1.2 Auditoria concorrente

A auditoria concorrente está voltada aos cuidados no período em que estes estão sendo executados. Fundamentada em planos de cuidados que devem obedecer a protocolos suportados por estudos de Saúde Baseada em Evidências, esse tipo de auditoria busca principalmente trabalhar em conjunto às equipes de atendimento para oferecer a melhor qualidade possível de atenção. A prevenção de intercorrências e o foco em procedimentos de alta complexidade, especialmente em Centros Cirúrgicos e Unidades de Terapia Intensiva, é frequente indicação para a participação do auditor concorrente.

Para os hospitais que possuem comissões hospitalares, como as de ética, prontuários, óbitos, infecção hospitalar, gerenciamento de riscos, entre outras, é desejável a participação do auditor em saúde, seja ele da própria instituição ou preposto de organização que represente fonte de financiamento.

O envolvimento do auditor concorrente nas discussões dessas comissões ou das equipes de atenção do prestador permite esclarecer e dirimir divergências antes da apresentação das contas correspondentes aos atendimentos aos financiadores dos mesmos, o que diminui a possibilidade de inadimplência e suas consequências.

Relacionamos a seguir algumas causas frequentes que indicam a participação de auditores no âmbito hospitalar, as quais, esclarecidas e discutidas com o prestador, permitem a adoção de medidas mais rápidas, evitando o prolongamento inadequado dos motivos que conduzem os pacientes à internação desnecessária, complicações de tratamento ou atendimento inadequado.

- Causas frequentes de internação ou permanência desnecessária ou excedente:
  1. Internação sem diagnóstico ou com diagnóstico impreciso por período prolongado, sem o devido esclarecimento.
  2. Prorrogação de diárias de internação sem critério clínico claro.
  3. Prestador de serviço com histórico de tempo médio de internação superior ao tempo médio de referência para a patologia.
  4. Alta precoce para diagnóstico com período de internação mais prolongado.
  5. Reinternações frequentes do mesmo paciente por agravos evitáveis ou com tratamentos incompletos pela mesma doença.
  6. Admissão para internação de paciente sem critério clínico justificável.
  7. Utilização de ambientes e de recursos de alta complexidade para casos de média ou baixa complexidade, como internamentos em UTI, prorrogação de medicações e/ou dietas desnecessárias, medicações endovenosas para pacientes com via oral acessível, entre outros.

Causas frequentes de complicações de tratamento sob internação ou cuidado ambulatorial:

1. Complicações clínicas ou pós-cirúrgicas com indicativo de provável redução do cuidado durante o internamento (infecção de sítio cirúrgico, úlcera por pressão, embolia, deiscência de sutura, entre outras).
2. Documentação e prontuário médico sem o preenchimento adequado.
3. Equipe de cuidados atua de modo a gerar desconfiança ou reclamações, prejudicando a qualidade da assistência.
4. Infecção hospitalar em paciente admitido sem ela.
5. Quedas do leito, acidentes com drogas vesicantes, reações por interação medicamentosa.

Causas frequentes de qualidade de atendimento ou de encaminhamento inadequados:

1. Direcionamento para atendimento em serviços de má qualidade.
2. Elaboração e aplicação do plano de cuidados com falhas metodológicas ou de processos.
3. Frequentes reclamações de clientes com relação ao tratamento ou à postura ética do prestador.
4. Não atendimento ou inadequação de regras contratuais estabelecidas.
5. Frequência elevada ou repetitiva de falhas administrativas do prestador.

Para os itens relacionados à qualidade da assistência, espera-se, por meio dos ajustes entre as partes, uma melhoria contínua e progressiva.

Outro resultado presumido para os casos de internações ou permanências desnecessárias é a desospitalização. Em casos que exijam a manutenção de cuidados além do ambiente hospitalar, é possível realizar um processo de desospitalização precoce de maneira orientada e planejada.

A desospitalização precoce é uma tendência mundial, não só para a minimização de custos, mas também porque já está demonstrado que, para determinadas propostas de tratamento, a recuperação da doença é mais rápida e efetiva em ambiente familiar. O auditor, em sua atividade de visita hospitalar ou no acompanhamento *on-line* dos pacientes internados, com base em relatórios da equipe técnica e da auditoria de enfermagem, tem condições de, em consonância com a equipe responsável pelo atendimento hospitalar, intervir no período de internamento, propondo e estimulando ações de atenção domiciliar.

Na Saúde Suplementar, não há cobertura regulamentar para a atenção domiciliar; entretanto, a RN n. 211/2010[18] estabelece o seguinte:

> Caso a operadora ofereça a internação domiciliar[19] em substituição à internação hospitalar, com ou sem previsão contratual, deverá obedecer às exigências previstas nos normativos vigentes da Agência Nacional de Vigilância Sanitária – Anvisa e nas alíneas "c", "d" e "e" do inc. II, do art. 12, da Lei n. 9.656, de 1998.

No SUS, a atenção domiciliar por equipes multidisciplinares, bem como o internamento, estão previstos para a habilitação e cobertura em casos oncológicos e de nefropatias em diálise domiciliar; o financiamento é feito pelo Piso da Atenção Básica (PAB) ou pelo Fundo de Ações Estratégicas e Compensações (FAEC).

Para melhor entendimento, é oportuno conhecer as definições de termos relacionados a atenção domiciliar, conforme a RDC n. 11/2006 da Anvisa, e a normatização do Conselho Federal de Medicina, Resolução n. 1668/2003.

- *Internação domiciliar*: conjunto de atividades prestadas no domicílio, caracterizadas pela atenção em tempo integral ao paciente com quadro clínico mais complexo e com necessidade de tecnologia especializada (definição apresentada pela RDC n. 11/2006, da Anvisa, e pela Resolução n. 1668/2003, do CFM).
- *Assistência domiciliar*: conjunto de atividades de caráter ambulatorial, programadas e continuadas, desenvolvidas em domicílio (definição apresentada pela RDC n. 11/2006).

[18] A RN 338/2013, vigente a partir de 02/01/2014, revogou as RN 211 e 262 anteriores e manteve a redação referente à internação domiciliar; a RN 349/2014 acrescentou a cobertura para tratamentos antineoplásicos ambulatoriais e domiciliares de uso oral, procedimentos radioterápicos para tratamento de câncer e hemoterapia, na qualidade de procedimentos cuja necessidade esteja relacionada à continuidade da assistência prestada em âmbito de internação hospitalar.

[19] Conforme a RDC n. 11/2006, da Anvisa.

Alguns estudos mostram que essa modalidade de atenção domiciliar permite um retorno sobre o investimento da ordem 2,91:1, ou seja, para cada R$ 1,00 investido, deixa-se de gastar R$ 2,91 com internação hospitalar no mesmo período[20]. A atenção domiciliar, portanto, é uma ferramenta que deve estar disponível para a fonte financiadora, bem como ser criteriosa e efetivamente utilizada pela auditoria. Esse serviço pode ser próprio ou terceirizado, mas, em qualquer situação, é indispensável que se adote uma planilha de custos adequada e que a auditoria de enfermagem faça o acompanhamento dos pacientes incluídos no programa, a fim de que, com a auditoria médica e o médico assistente do paciente, o plano de cuidados seja analisado e as ações sejam programadas para se garantir a segurança e a eficiência do atendimento.

Mesmo para o processo de atenção domiciliar, a continuidade da avaliação por auditoria concorrente será fundamental para manter a qualidade da assistência. Para isso, a construção de indicadores de qualidade pode ser proposta, podendo os indicadores utilizados para avaliar qualidade da internação hospitalar ser adaptados para a atenção domiciliar, uma vez que os processos de cuidados em casa são praticamente os mesmos que no hospital.

3.1.3 Auditoria retrospectiva ou de revisão de contas

A auditoria de revisão de contas tem por princípio básico verificar a correta cobrança dos serviços prestados e produz, de forma indireta, inúmeras observações importantes acerca da qualidade do atendimento oferecido e executado.

Para cada componente do custo do serviço de saúde, devem ser analisadas, primeiro, a pertinência qualitativa e, depois, a quantitativa, bem como os demais correlatos, buscando adequar o enquadramento de cada item. Isso significa conhecer as condições de atendimento do prestador, a finalidade das taxas, o uso apropriado dos materiais e a indicação de medicamentos, de OPME e de exames complementares, entre outros itens, sendo que todos devem guardar a relação com o procedimento executado e o plano de cuidados definido pelo médico assistente e equipe.

A qualidade da auditoria de revisão de contas é tanto maior quanto mais diversificada for a equipe que a realiza. É de fundamental importância a participação de profissionais das áreas médica e de enfermagem, mas a de farmacêuticos, bioquímicos, fisioterapeutas e nutricionistas contribui substancialmente para uma auditoria ainda mais correta.

A auditoria de enfermagem contribui especialmente para a avaliação do domínio das técnicas de enfermagem e da atuação e do treinamento do pessoal dessa área por parte do prestador, o que causa impacto direto na qualidade do serviço prestado. Também permite avaliar a racionalização do uso de materiais, de gases terapêuticos e de equipamentos, bem como a correta aplicação de medicamentos.

---

[20] SHINOMATA, H.O. *Retorno sobre o investimento de um programa de atenção domiciliar em uma seguradora especializada em saúde*. (Dissertação Mestrado em Administração de Empresas). Escola de Administração de Empresas da Fundação Getúlio Vargas, São Paulo, 2007.

A auditoria de farmácia permite verificar se a dispensação de medicamentos aos pacientes está sendo feita de maneira correta, se estes estão sendo utilizados adequadamente, quais são as reações oriundas de tal uso e como se pode racionalizar os custos com medicamentos.

Os setores de análises clínicas, fisioterapia e nutrição constituem importantes apoios na avaliação correta dos recursos dessas áreas e da contribuição que cada uma proporciona à melhoria do atendimento.

A análise das contas apresentadas para a cobrança é mais consistente quando feita separadamente, para cada componente do custo, e cada divergência observada deve ser comunicada ao prestador, na forma de relatório embasado, a fim de que este possa, por meio de recursos, esclarecer ou justificar o que estiver sendo cobrado. Divergências que não obtiverem consenso devem fazer parte de relatório específico, encaminhado, com subsídio técnico, ao gestor da fonte de financiamento para discussão com os gestores do prestador, visando ao estabelecimento de um padrão de consenso, para que divergências do mesmo tipo não voltem a acontecer.

Em especial no que se refere à revisão de contas, há alguns conceitos e regras que costumam ser utilizados e nos quais as divergências observadas devem ser classificadas e agrupadas para a busca de conciliação.

As conciliações de itens agrupados ou classificados devem-se tornar regras que, absorvidas pelas partes, evitam retrabalhos sem finalidade objetiva em saúde. Reforçamos mais uma vez que o fulcro do trabalho em auditoria em saúde é a análise do cuidado; para isso, o conhecimento em saúde deve estar voltado para os motivos que geraram, por exemplo, uso não previsto de determinado material ou medicamento.

Em nosso entendimento, não é escopo da auditoria em saúde conferir se o preço do item em questão está correto ou não, pois isso deve ser feito por profissional administrativo ou por sistema adequadamente ajustado e testado.

Em geral, o índice de glosas é variável, e o objetivo deve ser sempre "glosa zero". Índices próximos a zero são tidos como razoáveis, correspondendo a possíveis erros de lançamento, tanto de quantidade quanto de qualidade de alguns itens da conta. Índices que implicam médias superiores a 3% indicam problemas no faturamento ou no entendimento das regras que norteiam tais cobranças; faturamentos com tais índices devem ser verificados com mais atenção, pois podem apontar irregularidades ou falhas processuais graves. Faturamentos com índices menores, por outro lado, indicam boa qualidade na coleta dos dados e na confecção do faturamento por parte do prestador.

Além da adequação de cobrança obtida, há também uma redução de custos não mensurável, representada pela ação fiscalizadora do auditor e pelo papel regulador que este pode exercer em determinado atendimento. É sempre preferível que a auditoria seja executada de forma concorrente, isto é, que a revisão e o acompanhamento da conta sejam feitos diariamente, durante o atendimento ao paciente, identificando e prevenindo de imediato quaisquer possíveis divergências.

As várias possibilidades de formas de pagamento dos prestadores serão discutidas nos capítulos 7 e 9, que tratam da auditoria hospitalar prospectiva e retrospectiva.

3.2 O USO DO CONHECIMENTO EM SAÚDE PARA O DESENVOLVIMENTO DE FERRAMENTAS DE AUDITORIA – A AUDITORIA ANALÍTICA

A auditoria analítica deve ser entendida como um função *sênior* da auditoria, pois busca sistematizar os processos e resultados da auditoria em saúde. É a auditoria analítica que, olhando dados relativos à assistência, os transforma em conhecimento e indicadores para subsidiar o desempenho adequado da auditoria operacional e apoiar as decisões do corpo diretivo. Exemplos de atividades que podem ser executadas pela auditoria analítica:

- Desenvolvimento de análises econômicas das tecnologias em saúde (custo-utilidade, custo-benefício, custo-efetividade).
- Aprimoramento da decisão em saúde com base em tais estudos.
- Difusão do conhecimento junto a colaboradores e prestadores, compartilhando a necessidade de ações para a sustentabilidade da organização.
- Estudo da implantação de mudanças no sistema de reembolso dos serviços de saúde (pagamento por qualidade de processo e de resultado).
- Monitoramento dos indicadores de saúde da massa de beneficiários.
- Acompanhamento e apoio da implementação de sistemas de tecnologia de informação capazes de subsidiar o processo de análise econômica e a gestão da organização.
- Proposição de mecanismos para a gestão de relacionamento entre os participantes dos processos de assistência à saúde.
- Promoção e aplicação de ciclos de melhoria contínua nos processos de auditoria operacional.
- Provimento de subsídios à auditoria clínica.

É recomendável que o auditor, ao atuar nesses processos, disponha de conhecimentos sobre:

- Epidemiologia clínica.
- Saúde baseada em evidências[21].
- Montagem de indicadores de processos e de resultados em saúde.
- Planilhas e banco de dados.

---

[21] Preferimos o termo Saúde Baseada em Evidências do termo Medicina Baseada em Evidências, pois as várias profissões de saúde que participam do processo da assistência produzem conhecimento científico sistematizado, que embasa as ações profissionais correspondentes.

- Relatórios com base na identificação dos principais dilemas da auditoria em saúde da organização (montagem de curva ABC por frequência e custos).
- Organização.
- Metodologias de inovação[22] para a proposição de ações de melhoria com foco na assistência e na administração dos processos.

É recomendável que, para o melhor desempenho, os setores de auditoria analítica contem com a presença de tecnólogos de informação e estatísticos, bem como com o apoio do setor financeiro para suportar estudos mais consistentes.

As principais ferramentas, relacionadas a seguir, dão sustentação à auditoria analítica; por constituírem, cada qual, temas que justificam obras exclusivas, serão comentadas de maneira sucinta:

- Epidemiologia clínica.
- Sistemas de informações consistentes.
- Saúde baseada em evidências.
- Gestão de Tecnologia em Saúde.
- Planos de gerenciamento de agravos de doenças e de casos clínicos.
- Gestão de riscos.
- Economia da saúde.

3.2.1 Epidemiologia clínica

A epidemiologia clínica volta-se para o coletivo a partir de informações estatísticas obtidas em casos individuais.

A metodologia utilizada pela epidemiologia traduz o processo de trabalho e os resultados esperados pela atuação da auditoria analítica. As diversas etapas dessa metodologia

[22] Uma metodologia para inovação, a heurística, foi-me apresentada pelo colega Louis Ricardo Alicke e, por se tratar de uma técnica composta de perguntas simples e encadeadas, possibilita, de forma rápida, iniciar a discussão de novas ideias e propostas para a solução de problemas. A heurística tem a grande vantagem de estimular a criatividade. Trata-se de um método ou processo criado com o objetivo de encontrar soluções para um problema; é um procedimento simplificador, mas não simplista, que, diante de questões difíceis, envolve a substituição destas por outras de resolução mais fácil, a fim de encontrar respostas viáveis, ainda que imperfeitas. (Disponível em: <http://pt.wikipedia.org/wiki/Heur%C3%ADstica>. Acesso em: 31 ago. 2013).

- A heurística se vale de questões como:
- Este processo é necessário?
- Cada etapa do processo é necessária?
- É possível simplificar?
- É possível ampliar?
- É possível inverter?
- É possível implantar novas tecnologias (informatização ou automação) no todo ou em parte?
- Todos foram envolvidos?
- Comuniquei?
- Testei?

seguem o recurso científico clássico, com os ajustes pertinentes ao processo individual. Tais passos, que podem ser sucintamente descritos, consistem em:

1. Definir os problemas, observá-los e quantificá-los.
2. Revisar os conhecimentos já existentes.
3. Analisar os problemas sob a ótica dos processos de auditoria e da assistência à saúde.
4. Propor soluções práticas ou teóricas que sejam convenientemente embasadas nos conhecimentos revisados, avaliando possibilidades de acertos e de erros.
5. Testar as propostas e avaliar sua reprodutibilidade.
6. Aplicar as soluções que se mostraram adequadas à resolução dos problemas.

A teoria epidemiológica, bem como a administrativa, acrescentou ainda, por meio dos ciclos de melhoria contínua, a construção de indicadores que permitem rever resultados periodicamente e ampliar as condições de eficiência de uma solução já obtida.

É de fundamental importância que as propostas de mudança se baseiem em dados consistentes e em literatura de qualidade, implicando a existência de quesitos que serão discutidos mais a frente, neste mesmo capítulo. Entretanto, vale ressaltar que, por se tratar de processos administrativos, o rigor científico não deve impedir ou protelar excessivamente determinadas decisões ou propostas de mudanças. Prevalecem, porém, a necessidade de validação externa e interna dos dados e das informações, bem como a avaliação das variações de medidas, como o erro e o viés que cada proposta possa conter.

Um exemplo prático da atuação da epidemiologia clínica em auditoria analítica pode ser o conhecimento das necessidades de atenção à saúde de uma população e a construção de programas que atendam a elas. Já são comuns programas de saúde voltados ao tratamento e monitoramento da hipertensão arterial, do diabete *melitus*, de doenças cardiovasculares, entre outros que tiveram seus fundamentos baseados em estudos da epidemiologia clínica.

A conciliação entre estudos e propostas de ação feitos pela epidemiologia clínica pode ter, na auditoria analítica, um valioso auxiliar para a aplicação prática dos programas desenhados.

No setor privado, a "análise epidemiológica dos contratos" permite oferecer à área comercial informações que concedam a seus membros decidir, por exemplo, por maior ou menor flexibilidade na renegociação de contratos.

3.2.2 Sistemas de informação

Indispensável ao adequado conhecimento de uma carteira de usuários, à análise de utilização e à elaboração de projetos, o banco de dados de uma empresa de saúde deve conter todas as informações relacionadas ao fornecimento da assistência médica, ser de fácil acesso e garantir confiabilidade. Um bom sistema de informação só é útil se tiver um método de coleta padronizado, um cadastro de informações e tabelas coerentes e exatos, bem como um bom sistema de agrupamento das informações, e o processamento destas deve ter flexibilidade para a elaboração de relatórios que reflitam com fidelidade o perfil da carteira da empresa, tanto em relação aos clientes quanto à rede credenciada.

A tecnologia da informação, atualmente, disponibiliza sistemas inteligentes que permitem a busca das diferentes informações dentro do Banco de Dados, agrupando-as e gerando relatórios gerenciais. Assim, a auditoria analítica tem condições de identificar os eventos médicos mais frequentes, os usuários com maior utilização, e os médicos e prestadores mais assiduamente envolvidos nesses processos, possibilitando também a elaboração de relatórios e análises diferenciadas, com cruzamento de informações, tanto de utilização quanto de custos, o que permitirá aos gestores avaliar e propor atuações pontuais de forma consequente e eficiente.

É sabido que a instalação de um sistema de aquisição e processamento de dados e informações é onerosa para a empresa e para quem o irá operar, além de, muitas vezes, exigir a adequação dos processos já existentes. Por isso, é fundamental o envolvimento dos agentes que utilizarão e alimentarão os dados. E como nem sempre prestadores e auditoria utilizam o mesmo sistema, é muito importante que exista um acordo entre eles, a fim de estabelecer escolhas, padrões e limites de acesso.

Vejamos um exemplo prático do foco da auditoria analítica:

> O auditor operacional identifica que determinado procedimento hospitalar teve custo altíssimo. Ao analisar o caso, o auditor analítico, após a adequada busca no banco de dados, informa que esse procedimento, embora de altíssimo custo neste atendimento, é de baixíssima utilização, o que significa que raramente poderá repetir-se. Passa-se então a acompanhar o caso, com foco no presente atendimento, e são definidas ações que amortizem os custos remanescentes. Se fosse demonstrado que o procedimento tem frequência elevada, as condutas estariam voltadas para ações coletivas a fim de evitar a repetição desse evento mais oneroso. O conjunto dessas informações ajudará a determinar o foco da intervenção preventiva ou corretiva.

É importante lembrar que, em uma análise de representatividade de custos, por exemplo, nem sempre o procedimento ou o caso que aparece no topo da lista é o de maior custo, pois a combinação dos dois fatores – frequência e custo – pode colocar um procedimento de baixo custo como gerador de custos elevados em uma determinada carteira, por ter frequência elevada. Daí a importância de a auditoria analítica ter conhecimento do processo de atenção para validar a informação e propor ações que minimizem custos sem prejudicar a qualidade do atendimento.

Vivemos a era do conhecimento, que se reproduz rapidamente; por isso devemos fazer as informações analisadas durante os processos serem aplicadas em processos semelhantes e disseminadas entre os participantes, tornando-se sistêmicas, abrangentes e reprodutíveis (Figura 3.1).

Figura 3.1 Sistematização do conhecimento em auditoria em saúde

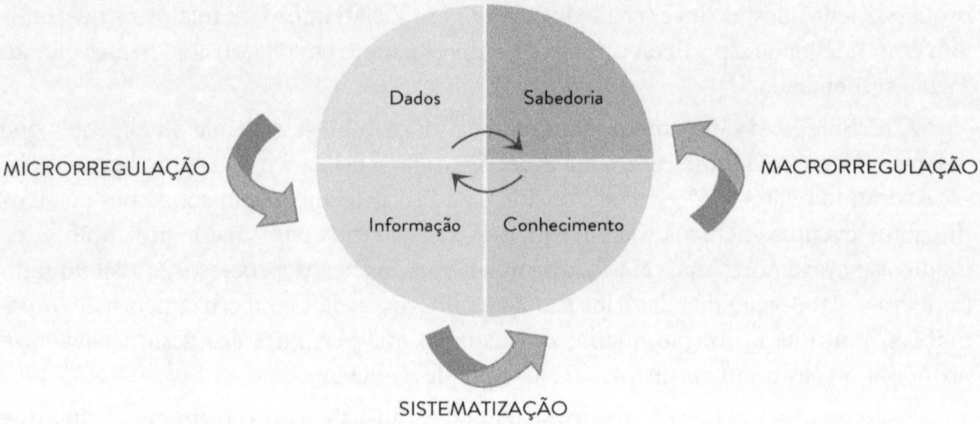

A missão do auditor em saúde é gerar informação e conhecimento com aptidão para a sistematização da assistência de qualidade. A garimpagem dos dados resultantes da avaliação de um atendimento é um passo importante, mas não deve ser entendido como uma etapa final da atividade da auditoria para que ela não seja meramente quantitativa e tenha, com isso, resultados inferiores aos que poderia alcançar.

3.2.3 Saúde baseada em evidências (SBE)

Própria ou terceirizada, a SBE é uma ferramenta indispensável para a adequada atividade da auditoria analítica, porque está amparada pelo enfoque científico da literatura internacional e contribui, de maneira segura, para diminuir as incertezas na tomada de decisão, tanto para a manutenção de tecnologias vigentes quanto para a adoção de novas tecnologias, inclusive com informações de custo-efetividade, binômio de análise indispensável, principalmente, quando se avalia uma tecnologia substitutiva.

Os principais propósitos da SBE são:

- Atender às necessidades do paciente.
- Modificar propostas terapêuticas e preventivas por meio de informação científica.
- Assegurar a qualidade e a correta indicação de tecnologia diagnóstica ou terapêutica.
- Otimizar o "custo-saúde" da fonte de financiamento.

A SBE permite a elaboração de protocolos e é por si só uma ferramenta que dá segurança ao auditor operacional no momento de liberação de determinado procedimento ou do uso de tecnologia específica, bem como conhecimento científico na discussão que eventualmente terá de conduzir com o médico assistente. O Projeto

Diretrizes da Associação Médica Brasileira[23] baseia-se na SBE e constitui um bom exemplo da aceitação dessa ferramenta pela comunidade médica.

Assim sendo, é indispensável que a auditoria analítica tenha um conhecimento adequado de mecanismos de busca de SBE ou disponha de um serviço terceirizado para apoiar relatórios, protocolos e projetos, com a segurança e a confiabilidade da literatura científica internacional.

Por outro lado, é também necessário pensar em políticas de disseminação desse conhecimento.

Sintetizamos no Quadro 3.3 algumas das principais fontes de evidências que podem ser pesquisadas.

Quadro 3.3 Lista de sites de pesquisa para Saúde com Base em Evidências (Elaborada por enf. Rosane Greiffo, modificada pelo autor)

Busca de Evidências	
Fonte	**Site**
Protocolos clínicos e diretrizes terapêuticas do ministério da saúde	http://portal.saude.gov.br/portal/saude/profissional/visualizar_texto.cfm?idtxt=35490&janela=1
Projeto diretrizes MS/CFM	www.projetodiretrizes.org.br
Sistemas de informação pagos	www.uptodate.com www.clinicalevidence.com
Buscadores estruturados	www.tripdatabase.com http://sumsearch.org www.scirus.com
Cochrane – fonte secundária	http://cochrane.bireme.br/portal/php/index.php
Dare – fonte secundária	www.york.ac.uk/inst/crd
Nice – fonte secundária	www.nice.org.uk
Bandolier – fonte secundária	www.medicine.ox.ac.uk/bandolier/index.html
National guidelines clearinghouse	http://guidelines.gov
Center for desease control	www.cdc.gov
Pubmed – fonte primária e secundária	www.ncbi.nlm.nih.gov/pubmed
Bireme – fonte primária	www.bireme.br
Lilacs – fonte primária	http://regional.bvsalud.org/php/index.php
Scielo – fonte primária	www.scielo.org
Google Scholar – fonte primária	http://scholar.google.com.br
Portal Capes – Maior banco de dados científicos da América Latina – Estudos completos	www.periodicos.capes.gov.br
Saúde baseada em evidências – CFM	http://portalsaude.saude.gov.br/portalsaude/index.cfm?portal=pagina.visualizarArea&codArea=392
Saúde baseada em evidências – Cofen	http://aplicacao.periodicos.saude.gov.br
Resgate de estudos	http://findarticles.com/p/articles/tn_health www.medscape.com www.freemedicaljournals.com

[23] Disponível em: <www.projetodiretrizes.org.br>. Acesso em: 14 nov. 2013.

3.2.4 Gestão de tecnologia em saúde

Nos últimos anos, a assistência médica vem sofrendo um crescimento exponencial de custos por conta da disponibilização de tecnologia dispendiosa. Em que pese a importância do avanço das pesquisas e o incremento de novas tecnologias, as estatísticas não têm demonstrado, em termos gerais, uma correlação consistente entre o aumento dos custos em saúde e melhoria da qualidade de vida. Além disso, novas tecnologias, nem sempre substitutivas, vêm sendo oferecidas pela "indústria de saúde" à classe médica, com períodos progressivamente menores de avaliação científica, algumas vezes fundamentadas em estudos patrocinados pela própria indústria, o que pode, eventualmente, sofrer o viés do interesse econômico na avaliação de sua eficácia e efetividade. Tal observação ocorre particularmente para especialidades como a oncologia e outras que utilizam materiais de implante.

É papel da auditoria analítica desenvolver um adequado sistema de análise dessas tecnologias, fundamentado em conhecimento sólido, e discuti-las com os participantes do processo, sejam especialistas, empresas envolvidas em saúde ou segmentos internos da corporação, para avaliar sua incorporação.

Importante ressaltar que, na história do nosso sistema de saúde, algumas tecnologias incorporadas com finalidade terapêutica acabaram produzindo danos e precisaram ser retiradas do mercado. Entre elas, citamos produtos como os anti-inflamatórios inibidores da COX-2 e as proteínas ativadas para tratamento da *sepsis*.

É desejável que a auditoria analítica desenvolva processos de gestão de tecnologias para identificar precocemente o advento de uma nova tecnologia, permitindo antecipar eventuais demandas.

O Brasil possui uma Política Nacional de Gestão de Tecnologias em Saúde[24], desenvolvida para essa finalidade pela Comissão Nacional de Incorporação de Tecnologias (Conitec[25]), criada pela Lei n. 12.401/2011, cujos estudos e recomendações se aplicam a todo o sistema de saúde nacional.

Estes processos de gestão de tecnologias permitem também apoiar os responsáveis pela negociação dos implantes, por exemplo, a fim de que discutam com a indústria formas de acompanhar o desenvolvimento de novas tecnologias e otimizar o impacto de custeio destas.

Entre as especialidades médicas que merecem atenção, em razão do volume de recursos que é dedicado a implantes ou medicamentos, destacamos a hemodinâmica, a ortopedia, a neurocirurgia e a oncologia.

Também é importante lembrar que a Anvisa disponibiliza mecanismos para que sejam notificados eventos adversos, o que está previsto também na Resolução CFM n. 1956/2010[26].

---

24 BRASIL. Ministério da Saúde. Secretaria de ciência, tecnologia e insumos estratégicos. *Política Nacional de Gestão de Tecnologias em Saúde*. Departamento de ciência e tecnologia. Brasília: Ministério da Saúde, 2010.

25 Disponível em: <http://portalsaude.saude.gov.br/portalsaude/index.cfm?portal=pagina.visualizarTexto&codConteudo=6344&codModuloArea=659&chamada=deliberacoes-conitec>. Acesso em: 14 nov. 2013.

26 Disponível em: <www.portalmedico.org.br/resolucoes/CFM/2010/1956_2010.pdf>. Acesso em: 14 nov. 2013.

3.2.5 Planos de gerenciamento de agravos de doenças e de casos clínicos

Com o envelhecimento populacional, o tratamento do grupo das doenças crônicas não transmissíveis (DCNT) vem ocupando sistematicamente o topo da lista dos custos em saúde, em função da utilização progressiva de materiais de alto custo e de novas tecnologias, de tratamentos progressivamente mais onerosos e de complicações inerentes à doença, entre outros motivos que geram maior utilização do sistema de saúde. Entre as principais e primeiras intervenções, é necessário conhecer os componentes da carteira, identificar sua condição de saúde e determinar planos de cuidados que reduzam os agravos e suas complicações.

As doenças mais frequentemente envolvidas nessas modalidades de gerenciamento são: diabetes, hipertensão arterial, doenças respiratórias crônicas, doenças vasculares, tanto cardíacas como neurológicas, nefropatias crônicas e doenças osteomusculares, entre outras.

É fundamental que as ações para lidar com tais doenças coloquem o foco em mudanças nos hábitos de vida e na transferência de conhecimento para o paciente, a fim de comprometê-lo com as ações que ele precisará adotar para obter bons resultados.

Há um padrão de condutas que podem ser aplicadas de forma sistematizada para grupos de paciente com DCNT. Em programas de gerenciamento de casos clínicos, as propostas de cuidados têm a mesma finalidade, porém as ações são customizadas, e o desafio está em manter o quadro crônico estável, sem a necessidade de maior consumo de serviços de saúde; portanto os objetivos são:

- Diminuir a utilização de consultas de emergência e internações de repetição.
- Prevenir intervenções onerosas para o tratamento de complicações.
- Melhorar a qualidade de vida do cliente.

A história natural da doença diagnosticada norteia as ações preventivas, mas é a coordenação do plano de cuidados que deve propor e aplicar as medidas necessárias para evitar mais enfermidade. O papel orientador do médico assistente e a elaboração conjunta de um plano que busque comprometer o paciente são fatores de sucesso para essas intervenções.

A principal função do auditor analítico nestes casos é buscar as informações diagnósticas, estabelecer mecanismos de estratificação da carteira e elaborar os planos de ação, aplicando sempre o conhecimento da doença e seu curso conhecido.

3.2.6 Gestão do risco

A cultura da gestão do risco está intrinsecamente relacionada com as ações em saúde. Desde o primeiro contato do paciente com o serviço de saúde, há imperiosa necessidade de se garantir qualidade e segurança nas intervenções que resultam desse relacionamento. Há vários mecanismos e formas de se estabelecer uma gestão do risco adequada, e, se nos aventurarmos a relacioná-los a cada risco possível, precisaríamos de muito mais do que este texto para os analisar. Grande parte do trabalho do auditor analítico está em garimpar, nos dados dos atendimentos feitos e nas evidências científicas, aqueles riscos mais presentes para desencadear os respectivos mecanismos de mitigação e os planos ou protocolos de contingência.

O conhecimento em saúde, aliado a uma base de dados confiável, permitirá ao auditor estipular os principais fatores de risco, quantitativa e qualitativamente, bem como estabelecer formas de prevenção e prescrever tratamentos necessários quando os riscos se concretizarem. Como no gerenciamento de condições crônicas e de casos clínicos, temos, com relação a risco, ações e prevenções individualizadas, que são executadas e orientadas pelo médico e pela equipe assistente, mas há também ações coletivas, que são propostas pela auditoria em saúde.

Em um procedimento cirúrgico, por exemplo, o médico assistente e a equipe estarão concentrados no procedimento técnico seguro (individual), enquanto o auditor em saúde estará focado em saber se o prestador contratado ou credenciado possui toda a estrutura preparada para atender naquele momento e nos próximos. Assim, deverá fazer uma análise dos recursos de infraestrutura existentes, tais como como gerador para eventual falta de luz durante o ato cirúrgico, disponibilidade de leitos, qualificação e quantificação da equipe de enfermagem, correta padronização de medicamentos e de procedimentos, prevenção de risco de queda e de contaminação da ferida operatória, leitos de UTI para intercorrência ou remoção caso necessária, entre outras coisas.

A gestão dos riscos hospitalares é pauta diária no processo de administração da rede de prestadores de serviços de saúde e é um dos grandes desafios no gerenciamento de qualquer unidade de assistência à saúde, motivo pelo qual tem sido objeto de várias publicações específicas, sempre relacionando política de gestão de risco a qualidade de assistência[27].

3.2.7 Economia da saúde

Os conceitos de economia aplicados à área da saúde procuram estabelecer em que medida ações propostas para a atenção à saúde são custo-efetivas, ou seja, seus estudos se fundamentam na função distributiva dos sistemas de saúde, segundo publicação do Instituto de Pesquisa Econômica Aplicada (Ipea)[28]. A economia da saúde está especialmente voltada à aquisição da equidade na oferta e à utilização das várias formas de prestação de serviços de saúde. Valendo-se da mesma sistemática já relatada para a análise dos processos de assistência, o estudo da economia da saúde permitirá estabelecer qual a efetividade de determinada proposta de assistência ou de ações com o foco no coletivo da população assistida.

[27] Ver BURMESTER, H. Gestão de risco. In: BURMESTER, H. *Gestão da qualidade hospitalar*. São Paulo: Saraiva, 2013. p. 15-39. (Série Gestão estratégica de saúde)

[28] Disponível em: <www.ipea.gov.br/agencia/images/stories/PDFs/livros/CAP1.pdf>. Acesso em: 14 nov. 2013.

Na mesma publicação do IPEA, de 2006, encontramos:

> [...]
>
> No Brasil, assim como em outros países de economia semelhante, o mosaico de serviços de saúde que a população encontra está distorcido por uma série de razões:
>
> - os serviços não correspondem às necessidades da população;
> - a distribuição geográfica dos recursos é extremamente desigual;
> - em algumas áreas existe excessivo uso de alta tecnologia médico hospitalar para tratar os efeitos de moléstias preveníveis;
> - o uso excessivo e a venda liberal de medicamentos;
> - internações desnecessárias, referências a outros níveis e exames supérfluos;
> - competição do setor privado com o setor público por exames auxiliares lucrativos e cirurgias eletivas; e
> - distribuição do financiamento proveniente da seguridade social sem mecanismos apropriados de controle.

Tais constatações, aplicáveis tanto à saúde pública quanto à privada, apresentam para a auditoria em saúde e para a gestão o desafio de – conhecendo a finitude de recursos – propor a melhor utilização dos mesmos.

Como exemplo de decisão dependente da economia da saúde, podemos citar a proposição de vacinação para hepatite B, teoricamente indicada para toda a população, mas aplicada apenas em populações de risco, como pacientes usuários de drogas com comportamento sexual inapropriado, nefropatas em hemodiálise, trabalhadores assistenciais em saúde, entre outros. Da mesma forma, várias propostas de métodos de prevenção são direcionadas para faixas etárias e populações de risco em função da avaliação econômica. As verificações de farmacoeconomia e de incorporação ou não de tecnologias se fundamentam neste modelo de análise.

Para a auditoria analítica no apoio à gestão, o uso dessa ferramenta é um forte elemento de apoio.

3.3 Auditoria clínica

A auditoria clínica é uma evolução da auditoria médica, pela maior abrangência de análise e de aplicabilidade do conhecimento.

Conforme o National Health Service (NHS)[29], é a análise sistemática da qualidade dos cuidados de saúde, incluindo os procedimentos usados para diagnóstico, tratamento e atenção, o uso de recursos, os resultados da atenção e a qualidade de vida dos pacientes.

[29] Disponível em: <www.nice.org.uk/media/796/23/bestpracticeclinicalaudit.pdf>. Acesso em: 14 nov. 2013.

Ainda conforme o NHS, a auditoria clínica disponibiliza mecanismos para avaliar a qualidade dos serviços de saúde prestados às condições frequentes, com base no estudo dos cuidados oferecidos, obtidos por análise de prontuários e documentos da assistência. Os cuidados são avaliados e categorizados, e, de acordo com a identificação de possíveis falhas ou possibilidades de melhoria, são propostas e implantadas as medidas necessárias.

As avaliações e propostas de melhoria voltadas para a qualidade fundamentam-se nos estudos de Donabedian[30], que propôs sete atributos de qualidade: eficácia, eficiência, efetividade, otimização, aceitabilidade, legitimidade e equidade, cinco dos quais constituem critérios de qualificação da rede de prestadores, definidos pela RN n. 275/2011[31], da ANS.

Donabedian também propôs agrupar as análises e as ações para a obtenção de qualidade em três itens principais: estrutura, processos e resultados.

Para Donabedian, a qualidade é adquirida quando está adequada a relação entre os fins desejados e os meios utilizados para obtê-los. Assim, ao definir uma meta para uma determinada intervenção, ou ao estabelecer uma proposta terapêutica estipulada, é preciso analisar se há condições estruturais, como recursos humanos, equipamentos, materiais, rede, entre outros para concretizá-la.

Da mesma forma, os processos em que as atividades ocorrerão deverão ser compatíveis com estes recursos e sua finalidade ajustada.

Tanto a estrutura como os processos devem obter o resultado desejado, e a avaliação terá como base indicadores confiáveis e construídos para demonstrá-lo.

A proposta da auditoria clínica é justamente buscar na revisão dos documentos sobre a assistência prestada, subsídios e oportunidades de melhoria na estrutura e nos processos para obter melhor resultado.

A construção de indicadores em saúde não é tarefa fácil, mas já há grande número deles disponíveis[32] e voltados à realidade de saúde no Brasil. Entretanto, é interessante que cada serviço de saúde customize seus indicadores, a fim de poder adotar medidas adequadas à sua realidade.

Segundo a Organização Panamericana de Saúde (Opas), "indicadores são medidas-síntese que contêm informações relevantes sobre determinados atributos e dimensões do estado de saúde, bem como do desempenho do sistema de saúde". Ainda segundo a Opas, "o conjunto dos indicadores selecionados deve refletir a situação sanitária de uma população e servir para a vigilância das condições de saúde".

Para se construir indicadores, é preciso que sejam definidos os seguintes componentes:

- Identificação.
- Conceitos e definições.

[30] DONABEDIAN, A. "The seven pillars of quality". *Arch. Pathol.* Lab. Med, 1990.

[31] Disponível em: <www.ans.gov.br>. Acesso em: 14 nov. 2013.

[32] Disponível em: <http://tabnet.datasus.gov.br/tabdata/livroidb/2ed/indicadores.pdf>; <www.ripsa.org.br/php/level.php?lang=pt&component=68&item=20>. Acesso em: 15 fev. 2014.

- Métodos de cálculo.
- Interpretação.
- Usos e ações esperados.
- Parâmetros (estatísticos).
- Meta.
- Fontes e referências.
- Pontuação.
- Limitações e vieses.

Há também qualidades fundamentais para que os indicadores representem medidas confiáveis para a tomada de decisões. Conforme Burmester[33], estes indicadores devem ter: simplicidade, inteligibilidade, objetividade, estabilidade, especificidade, sensibilidade, rastreabilidade e baixo custo de obtenção.

Exemplos de indicadores que podem ser utilizados pela auditoria clínica para avaliar a assistência de hospitais (ou de setores deles), clínicas e serviços de atenção domiciliar:

- Taxa de mortalidade geral e específica.
- Taxas e índices de infecção hospitalar.
- Controle de úlceras de pressão.
- Acidentes com drogas vesicantes.
- Tempo de demora para o atendimento a emergências.
- Quedas de pacientes.
- Erros na administração de medicamentos e dietas.
- Complicações cirúrgicas (lateralidade, deiscências, infecção de sítio cirúrgico etc.).
- Utilização ou não das melhores evidências (especialmente em casos de maior prevalência).
- Interações medicamentosas não observadas.

Exemplos de indicadores que podem ser utilizados pela auditoria clínica para a utilização da rede de prestadores:

- *Número de consultas por usuários mês*: total de consultas dividido pela quantidade total de usuários.

[33] Ver BURMESTER, H. Gestão de risco. In: BURMESTER, H. *Gestão da qualidade hospitalar*. São Paulo: Saraiva, 2013. p. 15-39. (Série Gestão Estratégica de Saúde).

- *Índice de solicitação de exames complementares*: total de exames/mês dividido pelo total de consultas/mês.
- *Número de exames por consulta*: número total de exames dividido pelo número total de consultas.
- *Utilização hospitalar*: número total de internação/mês dividido pelo número total de usuários.
- *Média de permanência por internação*: quantidade de diárias dividido pela quantidade de internações.
- Custos de cada indicador relacionado.
- Desdobramentos dos indicadores relacionados por especialidade, por prestador, por tipo de procedimento, entre outros.

Analisar tais informações, e outras, à luz do conhecimento em saúde é buscar soluções que resultem em melhor qualidade de assistência com otimização de recursos.

3.4 Auditoria de enfermagem

Um avanço considerável nos sistemas de auditoria, inicialmente compostos exclusivamente por médicos, foi a incorporação dos conhecimentos da enfermagem aos processos.

A absorção desse profissional trouxe otimização de processos, racionalização do tempo de auditoria e permitiu a divisão de tarefas conforme o padrão de conhecimento entre o auditor médico e o de enfermagem.

A formação técnica do enfermeiro confere a ele habilitações e competências que associam o conhecimento em saúde a funções gestoras e administrativas em geral. Sua atuação na assistência o coloca em contato direto com os processos dos diversos prestadores e com a liderança de pessoas que os executam, além disso, sua experiência com trabalhos em setores altamente especializados, como unidades de terapia intensiva, centros cirúrgicos hospitalares e unidades de apoio diagnóstico, sedimenta e amplia os conhecimentos da graduação.

Normatizada pela Resolução Cofen n. 266/2001[34], a auditoria de enfermagem atua em todos os momentos de auditoria anteriormente descritos, visando, como já mencionado, a uma assistência de qualidade.

Apresentamos a seguir, de maneira sucinta, as principais funções do enfermeiro auditor, conforme Soares:[35]

[34] Disponível em: <http://novo.portalcofen.gov.br/resoluo-cofen-2662001_4303.html>. Acesso em: 14 nov. 2013.

[35] SOARES. In: GONÇALVES, 2008.

Na auditoria prospectiva. Apoio aos processos de liberação de procedimentos, especialmente quando envolvidas tecnologias como materiais implantáveis e oncologia. É de fundamental importância a avaliação do enfermeiro auditor nos processos de avaliação e qualificação da rede de prestadores, o que é fator essencial para a contratação.

Na auditoria concorrente. A avaliação dos cuidados, a análise dos processos da assistência e as avaliações de produtividade são objeto da auditoria de enfermagem. A conciliação do faturamento pré-ajustado com o prestador é desejável e reduz eventuais contestações de glosas posteriores à apresentação do faturamento hospitalar.

Auditoria retrospectiva. Atividade em que predominam profissionais de enfermagem, a auditoria retrospectiva refere-se à avaliação da qualidade do faturamento relativamente à assistência prestada. Como já afirmamos, essa atividade não se deve restringir à conferência de valores, mas sim buscar compreender a qualidade da assistência prestada.

O auditor de enfermagem participa também das ações da auditoria analítica, como um importante colaborador do auditor médico, principalmente no acompanhamento e monitoramento de ações, como:

- Gerenciamento de condições e doenças crônicas.
- Gerenciamento de casos clínicos, com construção e monitoramento de planos de cuidados.
- Processos de desospitalização, com acompanhamento da assistência domiciliar.
- Gerenciamento prospectivo para a avaliação de recursos de várias ordens, como organizações de saúde, avaliação e seleção de fornecedores de materiais implantáveis ou não implantáveis, apoio na elaboração de componentes de custos de diárias, taxas e agrupamento de elementos de custos.
- Elaboração e aplicação de programas de medicina preventiva.

De acordo com as normas vigentes, o auditor de enfermagem não pode substituir o auditor médico, sendo essencial definir claramente as atribuições individuais dentro da equipe multidisciplinar.

3.5 Auditoria de profissões de saúde: odontologia, farmácia, nutrição, fisioterapia

É crescente a necessidade de diversificação das equipes de auditoria, especialmente pela incorporação de tecnologias e recursos que suportam o tratamento médico.

À exceção das auditorias médica e de enfermagem, a presença de profissionais das outras áreas da saúde é ainda relativamente pequena, porém aumenta anualmente nos cursos de pós-graduação de Auditoria em Saúde.

Relacionamos a seguir as principais áreas de atuação destes profissionais:

Odontologia. Participação da auditoria em OPS odontológicas, vem aumentando progressivamente na avaliação dos procedimentos de cirurgia bucomaxilofacial.

Farmácia. Foco na elaboração de listas e tabelas de medicamentos para padronização de farmácias hospitalares ou ambulatoriais e na avaliação de fornecedores de materiais para a assistência.

Fisioterapia. Foco na elaboração de planos de cuidados e de protocolos de indicações para o tratamento fisioterápico e auditoria concorrente.

Nutrição. Foco na seleção e na metodologia dos vários tipos de dietas enterais e parenterais e, em especial, na auditoria concorrente; participa também da elaboração de planos de cuidados a pacientes crônicos e assistência domiciliar.

No Quadro 3.4, a seguir, apresentamos propostas de ações que integram a auditoria a outras áreas de atuação.

Quadro 3.4 Propostas de ações abrangentes em processos de auditoria

Macroprocesso	Objetivo	Quem faz
Regulação assistencial	Qualidade da atenção: liberação, auditoria concorrente, auditoria analítica; análise de perfil epidemiológico com captação de casos para monitoramento.	Auditoria + Epidemiologia clínica
Regulação do acesso	Montagem de protocolos e pacotes, com melhoria do processo de análise prévia, e sistematização dos pareceres.	Auditoria + Tecnologia de informação + Estatístico
Regulação de tecnologias	Avaliação de tecnologia, com definição de custo-efetividade e elaboração de protocolos específicos para incorporação.	Auditoria + SBE + Economia da saúde
Regulação de prestadores	Qualificação do atendimento do prestador, avaliação da suficiência de rede.	Auditoria clínica + Tecnologia da informação
Regulação de resultado	Análise de desempenho de toda a rede de atendimento, visando à adequação do modelo de remuneração.	Auditoria + Epidemiologia clínica + Economia da saúde

4 Noções de financiamento em saúde

Em todas as organizações de saúde, a presença de processos de auditoria conduz a um objetivo maior: obter ampla efetividade nas ações de saúde mediante a adequação dos recursos, especialmente os financeiros.

Nas sociedades modernas, as organizações, assim como as pessoas, independentemente do ramo de atividades a que pertençam, precisam oferecer seus produtos e/ou serviços ao mercado e receber por eles algum tipo de reembolso. Assim sendo, o mercado comporta desde organizações com o foco no lucro pelos serviços prestados até aquelas beneficentes, cujo reembolso pode ser o pagamento dos custos, acrescidos do reconhecimento pelo cumprimento de um papel social, passando por entidades de propriedade pública, cujos recursos são financiados exclusivamente por repasses ou contribuições mensais.

A maior parte da sociedade ocidental está fundamentada em relações entre capital e trabalho; portanto, serviços e produtos devem ser precificados para serem ofertados ao mercado de consumo. Não nos cabe discutir os múltiplos métodos de precificação, mas as consequências dessa forma de relacionamento comercial. Tal como as pessoas, as organizações precisam de insumos para crescer, se desenvolver e se manter vivas.

Nesse diapasão, o objetivo de tais inter-relacionamentos está no estabelecimento de vínculos que tragam condições propícias ao crescimento, à longevidade e, se possível, à perenidade da organização.

As organizações de saúde são basicamente prestadoras de serviços, e o grau de complexidade de cada uma pode variar de acordo com a sua missão, visão e, também, com as oportunidades de oferta de serviços que o mercado propiciar.

Dependendo da eficácia do processo de gestão de uma empresa, o balanço entre a receita auferida e a despesa efetuada será positivo; mas, certamente, quando falamos de prestação de serviço em saúde, há um bem precioso que foge ao processo contábil regular. A equação que pode parecer simples para uma revendedora de determinado produto, por exemplo, não se aplica com a mesma lógica a uma organização de saúde.

É fundamental que a organização integre a prática laboral das ações de saúde com uma gestão que dê sustentabilidade a todos os componentes da cadeia de atenção à saúde.

A revisão constante dos processos, por meio de ciclos de análise de indicadores com atuação permanente em medidas corretivas, é imprescindível nas organizações de saúde, especialmente pela incorporação diuturna de conhecimentos e de tecnologias a que o setor saúde está exposto.

Não raro observamos organizações caminhando para a obsolescência por terem deixado passar o melhor momento para a modernização de seus equipamentos, instrumentos ou recursos humanos.

As necessidades de saúde de uma população podem ser resolvidas por ações de baixa e média complexidade, em percentuais que variam entre 80% a 90% do conjunto formado por doenças e fatores de risco; apenas cerca de 10% a 20 % dos casos exigem recursos altamente especializados.

Tal percepção impõe à direção da organização de saúde elevado senso de oportunidade e de conhecimento atualizado, a fim de que esta possa fazer suas adaptações amplamente e no tempo adequados. As opções feitas determinarão fases de sucesso ou de fracasso da organização, que poderão ter implicação direta ou indireta na atuação do auditor em saúde que com ela tiver relacionamento profissional.

Cabe ao auditor em saúde, como gerador de informações gestoras, observar as seguintes premissas:

1. Separar, na análise inicial, a prática das ações de saúde de suas respectivas fontes de financiamento, focando-se na essência do cuidado possível à saúde em relação ao efetivamente obtido.
2. Observar, secundariamente, que a maior parte dos recursos do financiamento de tais ações de saúde provém do público (pagamento pelos serviços prestados) e pequena parcela, do capital (rendimentos), mas tendo-se em mente que a origem dos recursos é sempre a mesma: a produção do conjunto de indivíduos que constituem a massa de usuários/beneficiários do sistema de saúde, que, por mutualismo, geram a receita que subsidiará os custos da assistência ao conjunto da população. De forma simplificada, a arrecadação para a fonte de financiamento pública é feita por meio de impostos e contribuições, e a arrecadação para a fonte de financiamento privado provém das contraprestações pagas por pessoas físicas ou jurídicas para usufruir do benefício de um sistema de saúde suplementar ou complementar.

4.1 Financiamento: sistemas de pagamento

Atualmente, o repasse gerenciado do pagamento dos serviços prestados é feito por órgãos públicos (Ministério da Saúde), por empresas privadas organizadas na forma de operadoras de planos de saúde (nas modalidades previstas na Lei n. 9656/98), por famílias (denominadas particulares) ou por doações, como nas empresas filantrópicas. Esquematicamente, os principais sistemas de pagamento são operacionalizados por:

- Setor público.
- Operadoras de planos de saúde (conhecidos como *convênios*).
- Seguridade social.
- Empresas e entidades similares.
- Filantropia.
- Famílias (financiamento individual, conhecido como *particular*).

4.1.1 Financiamento: setor público

A Lei Complementar n. 141/2012 estabelece a Regulamentação da Emenda Constitucional 29/2000 (§ 3 do art. 198 da Constituição), cujo objetivo é prover recursos para financiar as ações de saúde, pois a Constituição brasileira estabelece que a saúde no Brasil é de responsabilidade do poder público, dos diferentes entes federativos que o compõem (União, estados e municípios), sendo livre à iniciativa privada para atuar de forma complementar. O sistema de saúde brasileiro, assim estabelecido, está organizado na forma do Sistema Único de Saúde (SUS).

Para a consecução da política pública de saúde nacional organizada na forma do SUS, que prevê a universalidade e a gratuidade no atendimento a todos, os entes federativos devem atuar de forma conjunta e integrada, sendo financiados por recursos do orçamento desses entes, além de outras fontes.

Com a Lei Complementar n. 141/2012, espera-se a elevação dos níveis de recursos públicos, em relação ao Produto Interno Bruto (PIB), efetivamente aplicados no SUS, em especial pelos estados e municípios. Esse percentual está hoje em aproximadamente 4% do PIB, e a União, que é a maior arrecadadora de impostos, tem arcado, nos vários exercícios orçamentários anuais, com 40% a 50 % desse total. Ou seja, os gastos da União com a saúde são inferiores à proporção de impostos e contribuições que ela recolhe e não repassa a estados e municípios. Assim, com a promulgação da referida lei, avalia-se que a União deve diminuir mais ainda sua participação no financiamento público em saúde no país, em detrimento de estados e municípios. Trata-se, portanto, de perceber que o financiamento da saúde, bem como as diversas áreas sociais e econômicas do estado brasileiro, é influenciado, em sentido mais amplo, pelas discussões relacionadas ao pacto federativo nacional.

A despeito dessas e de outras questões relacionadas ao baixo grau de financiamento público da saúde no país e da instabilidade de recursos para a área, a cada ano e nos três níveis de governo, nota-se que, para haver um sistema único de saúde de acesso universal e igualitário, gratuito, de atendimento integral, mesmo que prioritariamente preventivo, mas que também realize ampla ação de assistência à saúde, é preciso ampliar os recursos a serem aplicados na área. Em termos absolutos, *per capita*, os gastos públicos com saúde no Brasil estão muito abaixo daqueles realizados por países que têm um sistema público unificado de saúde, como a Espanha, o Canadá e o Reino Unido.

Os gastos públicos com saúde de todos os entes federativos representaram, segundo o Ministério da Saúde, cerca de 56% do custos com saúde no país em 2008, o restante vindo da iniciativa privada (saúde complementar e gastos particulares).

Observa a mesma Lei, em seu art. 4, que:

> Art. 4. Não constituirão despesas com ações e serviços públicos de saúde, para fins de apuração dos percentuais mínimos de que trata esta Lei Complementar, aquelas decorrentes de:
>
> I – pagamento de aposentadorias e pensões, inclusive dos servidores da saúde;
>
> II – pessoal ativo da área de saúde quando em atividade alheia à referida área;
>
> III – assistência à saúde que não atenda ao princípio de acesso universal;
>
> IV – merenda escolar e outros programas de alimentação, ainda que executados em unidades do SUS, ressalvando-se o disposto no inc. II do art. 3;
>
> V – saneamento básico, inclusive quanto às ações financiadas e mantidas com recursos provenientes de taxas, tarifas ou preços públicos instituídos para essa finalidade;
>
> VI – limpeza urbana e remoção de resíduos;
>
> VII – preservação e correção do meio ambiente, realizadas pelos órgãos de meio ambiente dos entes da Federação ou por entidades não governamentais;
>
> VIII – ações de assistência social;
>
> IX – obras de infraestrutura, ainda que realizadas para beneficiar direta ou indiretamente a rede de saúde; e
>
> X – ações e serviços públicos de saúde custeados com recursos distintos dos especificados na base de cálculo definida nesta Lei Complementar ou vinculados a fundos específicos distintos daqueles da saúde.

É importante lembrar que o financiamento público federal se concretiza com o repasse de verbas diretamente ao Fundo Municipal de Saúde para os municípios que se encontram em Gestão Plena do Sistema, mas há também o repasse misto, ou seja, aquele em que parte do recurso referente às ações da atenção básica, incluindo programas contratados com o Governo Federal, é repassada para o Fundo Municipal de Saúde, e parte, diretamente aos prestadores contratados, quando o município se encontra em Gestão Básica do Sistema.

Quem controla e fiscaliza os Fundos Municipais de Saúde é o Conselho Municipal de Saúde, que tem a participação de populares e de prestadores de serviços e gestores, na proporção de 50% para cada grupo de participantes[1].

O papel do auditor em saúde nessas estruturas é o de verificar a adequada aplicação dos recursos aos serviços apresentados como necessários à população atendida, sendo a forma de atuação regulamentada por várias Portarias e Decretos[2].

Os internamentos hospitalares têm suas cobranças instrumentalizadas por meio das chamadas Autorizações de Internação Hospitalar (AIH) e os atendimentos ambulatoriais, por meio das guias de autorização de atendimento ambulatorial, entre elas as de autorização de procedimentos de alta complexidade (APAC), utilizadas, por exemplo, para operacionalização de procedimentos em oncologia, terapia renal substitutiva, entre outras, que são auditadas e consolidadas em Boletins de Produção Ambulatorial (BPA). As ações básicas de saúde executadas pelos serviços municipais são remuneradas pelo Piso da Atenção Básica, que tem valor individual *per capita*, ou seja, por cidadão contado nos censos oficiais, que é repassado diretamente ao Fundo Municipal. Há também verbas provenientes do Fundo de Ações Estratégicas e Complementares (FAEC), que são convencionadas entre as esferas de governo envolvidas e constituem um importante mecanismo de financiamento para a regionalização de ações de saúde; a proposição destas condutas específicas, bem como seus resultados e pagamentos são itens que podem ser controlados por meio de informações colhidas pelos setores de auditoria, controle e avaliação do município[3].

4.1.2 Financiamento: operadoras de planos de saúde

As receitas das operadoras de planos de saúde (OPS) originam-se do pagamento de contraprestações de seus beneficiários individuais ou coletivos.

As formas de pagamento para as diversas modalidades de OPS podem ser antecipadas (pré-pagamento) ou ocorrer após a prestação de serviços, sendo a maioria dos pagamentos antecipada, ou seja, o beneficiário recolhe contraprestações em determinado período – geralmente, mensal – para poder utilizar os serviços de saúde necessários. O pagamento pós-evento de assistência, também denominado pagamento em

[1] Lei n. 8142/90. Disponível em: <http://portal.saude.gov.br/portal/arquivos/pdf/Lei8142.pdf>. Acesso em: 14 nov. 2013.

[2] Detalhes da regulamentação da atuação do auditor em saúde podem ser verificados em: <www.denasus.gov.br>. Acesso em: 19 mai. 2014, e na sequência dos capítulos deste livro.

[3] Disponível em: <www. http://portalsaude.saude.gov.br>. Acesso em: 14 nov. 2013.

custo operacional, é feito com base no consumo dos serviços prestados, em geral acrescidos de uma taxa administrativa variável e acordada entre a OPS e o contratante.

A modalidade de pagamento pós-evento é, por vezes, um bom aliado do auditor em saúde, especialmente quando ocorrem impropriedades no faturamento da prestação de serviço, que são denunciadas pela fonte pagadora como indevidas. Tal observação é aplicável também para uma modalidade de contratação possível na Saúde Suplementar, que prevê a chamada coparticipação do beneficiário.

Nesta modalidade de financiamento, o beneficiário contrata um percentual para determinados serviços ambulatoriais, que deverá ser pago em separado da contraprestação periódica e que incide sobre o valor dos serviços prestados ou consumidos pelo beneficiário ou por seu dependente. Tal modalidade de contratação tem a vantagem de reduzir o custo da contraprestação periódica e está regulamentada pela Agencia Nacional de Saúde Suplementar (ANS), que considera o mecanismo como uma regulação de acesso aos serviços. De modo análogo, outra forma de reduzir o custo periódico da contraprestação é a chamada franquia, que, semelhante à contratação de um seguro de bem durável, estabelece um valor de coparticipação do beneficiário para cada evento atendido.

4.1.3 Modelos de sistemas de pagamentos

Os modelos tradicionais de pagamento utilizados para o financiamento das ações de saúde aos hospitais brasileiros são baseados em *orçamentos históricos tradicionais*, especialmente para os prestadores públicos, e em *pagamento por serviço (fee for service)*, para os prestadores privados e para profissionais de saúde não assalariados, ambos os modelos pouco flexíveis, pois se baseiam em tabelas definidas contratualmente ou acordadas entre prestador e fonte pagadora, com períodos de revisão determinados pelas partes.

Orçamentos históricos. Caracterizam-se por serem definidos em séries históricas e terem seus valores estabelecidos em médias de utilização e de consumo de recursos, como diárias, taxas, materiais, medicamentos, gases e outros insumos. O conjunto, seja por procedimento ou por grupo de procedimentos, é convertido em "unidades de pagamento" com valor repassado por evento ou por período de tempo predeterminado, vinculado à produção do serviço. Os valores são definidos por tabelas, e, entre as várias formas de pagamento, é frequente um modelo que, na prática hospitalar, recebe o nome de "pacote", o qual contém os principais itens de insumos necessários ao atendimento de determinada doença e, na maioria das vezes, é formado a partir do conhecimento da composição de itens de contas resultantes de atendimentos anteriores semelhantes. Esse valor preditivo pretende atender à maioria dos custos dos procedimentos providos. Todos os mecanismos eletivos, tanto de diagnose quanto de terapia,

permitem a elaboração de sistema de pagamento por pacotes, e estes, desde que bem elaborados e com flexibilidade de revisão, têm sido cada vez mais aceitos pelos prestadores, trazendo benefícios para ambas as partes, a saber:

- **Para a fonte de financiamento**: proporciona agilidade na liberação, porque dispensa a análise individualizada de itens solicitados e a revisão da conta, uma vez que os principais componentes do custo assistencial como itens de MAT/MED, diárias e taxas necessários para a realização do procedimento, já têm sua quantidade e custo contemplados no valor total do pacote.
- **Para o prestador**: possibilita a segurança de que, uma vez liberado, o pacote, desde que o procedimento tenha sido realizado sem intercorrências, não será submetido a questionamento posterior; portanto, não haverá glosa.

É desejável que a auditoria operacional, com base no custo histórico dos diferentes procedimentos médicos, implante o maior número possível de pacotes, os quais devem ser discutidos previamente com os prestadores, de modo a garantir sua aceitação e implantação no sistema.

Embora represente uma facilitação do processo de pagamento, essa modalidade pode, por utilizar série histórica, consolidar vícios ou desvios incongruentes com práticas mais recentes, requerendo, portanto, revisão constante e, se possível, ajustes vinculados a indicadores em saúde. A falta de flexibilidade estabelecida pode determinar subfinanciamento e consequente prejuízo na qualidade da assistência, gerando, por isso, maior custo agregado, daí a necessidade de buscar indicadores de qualidade da assistência. Para a auditoria em saúde, embora o processo de avaliação de contas esteja simplificado, há que se atentar para a eficiência da aplicação dos recursos, sobretudo no sentido da preservação da sustentabilidade do prestador, mas também com foco no subtratamento. O foco da auditoria é maior na gestão dos processos e na qualidade da assistência.

Pagamento por unidade de serviço (*fee for service*). É o modelo mais amplamente utilizado no Brasil, tanto no financiamento público como no privado, seja ele de fonte familiar, pelas operadoras de planos de saúde ou seguradoras, sendo caracterizado pelo pagamento retrospectivo. Nele, o prestador executa o procedimento, utilizando os recursos que julgar necessários para garantir o atendimento ao paciente, e, posteriormente, recebe os valores correspondentes ao consumo; por isso, do ponto de vista de pagamento, é comparado à venda de produtos, como a que ocorre no comércio em geral. Há, de acordo com os respectivos contratos, necessidade ou não de liberação prévia (regulação ou auditoria prospectiva) para a execução das atividades; mas, após iniciado o processo de atendimento, tal prospecção pode ser facilmente dispensada em função da necessidade imperiosa de atendimento. Como a remuneração é vinculada ao uso dos itens que comporão a fatura final, o maior consumo pode resultar em melhor faturamento. Da mesma forma, o uso de insumos mais caros pode representar maior remuneração. Estudos feitos por Matos[4] sugerem uma lógica de consumo e pagamento que se expressa por: "*quanto mais gasta, mais ganha*". Ou seja, quanto mais recursos forem consumidos, por exemplo, em uma hospitalização, mais elevada será a remuneração por este serviço, o que pode criar práticas perversas, especialmente se os acordos e as tabelas de remuneração forem muito discrepantes em relação ao mercado. Em maio de 2009, a Anvisa, atenta a essa possibilidade, emitiu, por meio da sua Câmara de Regulação do Mercado de Medicamentos (CMED), a Resolução CMED n. 03[5], na qual proíbe a publicação, por qualquer meio, dos preços máximos ao consumidor de medicamentos de uso hospitalar, considerando que os hospitais não são farmácias e, portanto, não devem auferir lucros com a venda de medicamentos. Após período de discussão judicial, a resolução foi concretizada e ajustada também pela ANS, na forma de Resolução Normativa de número n. 241/2010[6], a qual propõe que as OPS negociem composição de preços com seus prestadores, no sentido de remunerar adequadamente os serviços hospitalares e evitar a remuneração dos medicamentos, como propôs a Anvisa.

Do ponto de vista da auditoria, esta modalidade de remuneração tem sido um dos principais motivos da presença constante de auditores em saúde nos setores de faturamento dos hospitais e também um dos grandes pontos de trabalho e retrabalho, não só das auditorias, mas também dos funcionários do faturamento dessas empresas. É frequente, em questões que envolvem auditoria retrospectiva, que a discussão entre ela e o faturamento do prestador se resuma a ajustes de quantidades e valores, sem que isso implique verdadeira e prática avaliação da assistência, o que é possível se forem analisadas as causas de eventuais impropriedades no faturamento de tais contas.

Além dos modelos de remuneração relatados, que são os mais usuais em nosso meio, há outros com maior flexibilidade e que implicam maior compartilhamento de risco entre as partes e, por este motivo, necessitam de estudo aprofundado e acompanhamento por indicadores, que citamos a seguir.

Capitação (*capita* = cabeça). Fundamenta-se em pagamento por vida atendida em determinado tempo/local/região geográfica/prestador. De modo simplificado, funciona assim: o prestador recebe um valor preestabelecido por indivíduo

---

[4] Afonso de Matos, em apresentação feita no 20º Simpósio das Unimed do Estado do Paraná, em 2012.

[5] Resolução CMED n. 03/2009: Art. 2. Preço Máximo ao Consumidor (PMC) é o teto de preço a ser praticado pelo comércio varejista, ou seja, farmácias e drogarias. Art. 3. Fica proibida a publicação de Preço Máximo ao Consumidor (PMC), em qualquer meio de divulgação, para medicamentos cujo registro defina ser o mesmo "de uso restrito a hospitais e clínicas".

[6] Resolução Normativa RN n. 241, de 3 de dezembro de 2010: Estabelece a obrigatoriedade de negociação dos instrumentos jurídicos firmados entre as operadoras de planos de assistência à saúde e os prestadores de serviços. Art. 1. As operadoras de planos de assistência à saúde deverão ajustar os instrumentos jurídicos firmados com os prestadores de serviços, que apresentem como parte integrante dos seus serviços de atenção à saúde a utilização de medicamentos de usos restritos a hospitais e clínicas.

para prover os cuidados em saúde dos inscritos em sua carteira de clientes, e, com isso, assume o risco da ocorrência de possíveis eventos catastróficos em saúde e o compromisso de exercer uma boa administração dos recursos financeiros, o que é fator preponderante nesta modalidade de financiamento. Trata-se de um sistema de pagamentos adequado para profissionais e prestadores, assim como método utilizado pelas operadoras de planos de saúde com contraprestações periódicas, permitindo que a auditoria nesta área se concentre mais nos processos de assistência à saúde e em seus resultados do que no faturamento de contas.

Bônus ou comissões. Sistema de pagamento com base em remuneração adicional por serviço, em geral, já remunerado por outra modalidade de pagamento. Quando aplicado à remuneração profissional, representa um incentivo à busca de bons resultados. Se entendermos que todo o trabalho profissional de saúde deve obrigatoriamente buscar bons resultados, a remuneração adicional deve premiar atividades não obrigatórias ao próprio exercício profissional, fora do escopo da contratação daquele profissional, como a participação em processos educativos, aplicação dos conhecimentos em saúde para desenvolvimento de ferramentas de gestão, pesquisa, entre outras. Na remuneração de prestadores empresariais, há que se atentar para bônus ou comissões que sejam pagos para recompensar a utilização ou a negociação de produtos de determinado fornecedor, o que pode implicar apenas em acordo comercial, sem compromisso direto com a melhoria da qualidade, mas onerando a cadeia produtiva da saúde. Há organizações de saúde, incluindo cooperativas de trabalho médico, empresas operadoras de planos de saúde e prestadores de forma geral, cuja distribuição de bônus ou comissões ao final do determinado período pode representar uma forma de compensação por sobras, lucros ou dividendos. O auditor em saúde deve buscar informações sobre a existência ou não deste modelo de remuneração. O aspecto positivo de remunerar atividades extra-assistência deve ser considerado, mas também é necessário observar que tal modelo pode implicar vícios de processos sem finalidade assistencial de qualidade, não devendo ser usado para remunerar processos, como a auditoria em saúde, por glosas realizadas.

Por diagnóstico. Fundamenta-se em remunerar o conjunto de recursos, ações e insumos para o tratamento de determinada doença. Tomando-se como base, por exemplo, o conhecimento do tratamento de uma pneumonia comunitária que necessite de internamento clínico ou não, pode-se estabelecer um valor financeiro definido para toda a cadeia de cuidados envolvida. É um modelo adequado para profissionais e prestadores com escopo de atuação determinada por complexidade ou especialidade, pois permite maior padronização e metodologia comparativa no setor saúde ou entre equipes de um mesmo prestador, aumentando a qualidade e a eficiência do pagamento. É modelo de uso frequente na

Europa, onde é conhecido como *Diagnosis Related Groups* (DRG). O SUS[7] vale-se parcialmente desse modelo, fixando, porém, valores com base em séries históricas e em mercado, fazendo, também parcialmente, a correlação entre o procedimento principal e os demais. Para a auditoria em saúde, o DRG é um sistema de pagamento que favorece o acompanhamento dos indicadores de resultados, permitindo ao gestor uma previsão orçamentária relacionada aos processos de liberação e reduzindo a necessidade de conferência de contas na auditoria retrospectiva. Há grande complexidade na montagem dos indicadores, mas ocorre a vantagem do conhecimento prévio já vivenciado em outros países.

Por resultados ou por desempenho (também denominado por performance – P4P). Assemelha-se, na forma, ao pagamento por bônus e pode representar um mecanismo de remuneração para incentivar a rápida melhoria de serviços que estejam precários em determinada região ou em algum setor do prestador. É sistema que deve complementar outro método de pagamento e, ao ser construído, precisa estar associado a metas factíveis, bem definidas, mensuráveis e pactuadas bilateralmente, com indicadores que contenham fórmulas de cálculo claras e precisas. A participação de profissionais de saúde no estabelecimento das metas de saúde é mandatória, e a auditoria tem um papel relevante na apuração do cumprimento destas.

Orçamento global. Modalidade de pagamento em que há orçamento definido para determinado período, no qual se espera demanda estipulada por serviços de saúde; é um modelo amplamente utilizado quando há predominância ou exclusividade de uma única fonte de pagamento para o prestador, equivalendo ao salário pago a pessoas físicas. A gestão dos recursos é fundamental, porque, neste caso, o prestador assume os riscos da assistência no período contratado e precisa obter bom desempenho para que os recursos não se esgotem ao final do prazo. No SUS, alguns hospitais públicos recebem pagamentos que podem ser complementados na forma de orçamentos históricos (tradicionais), mas que diferem dessa modalidade, pois permitem complementações ou a devolução de valores que não tenham sido consumidos.[8] Na comparação entre as modalidades de orçamento global e tradicional, ficou demonstrada a melhor eficiência do sistema de orçamento global[9], que é utilizado na América do Sul, incluindo o Brasil, especialmente na área pública. A auditoria dessas modalidades está focada mais nos processos, especialmente no modelo de gestão adotado pelos prestadores assim financiados.

---

[7] A tabela atualmente utilizada pelo SUS para pagamento dos prestadores é denominada Sistema de Gerenciamento da Tabela de Procedimentos, Medicamentos e OPM do SUS (Sigtap). Disponível em: <http://tabela-unificada.datasus.gov.br/tabela-unificada/app/sec/inicio.jsp>. Acesso em: 19 mai. 2014.
A estrutura da tabela, que é parametrizada tecnicamente, estabelece a divisão em grupos por especialidades e em subgrupos dentro destas. Também estão organizadas tabelas de correlações entre procedimentos e entre procedimentos e materiais, bem como previsão para remuneração diferenciada, conforme a qualificação do hospital e sua finalidade.

[8] MÉDICI, A. In: VECINA, 2011.

[9] Idem. Ibidem.

O processo de reembolso, por envolver com certa frequência a auditoria em saúde, merece um comentário à parte. De forma simplificada, o reembolso ocorre quando o paciente ou o responsável efetua o pagamento dos serviços diretamente aos prestadores e busca a restituição deste junto à fonte pagadora (OPS ou SUS).

É um modelo bastante utilizado por seguradoras, que estabelecem limites e condições para a assistência e respectivos valores, e, para poder usufruir, o beneficiário contribui com uma contraprestação (prêmio) para a contratação.

Nos casos em que o paciente não possua seguro, o pedido de reembolso pode-se originar, por exemplo, em cobranças indevidas a pacientes do SUS, a beneficiários de planos de saúde que buscaram atendimentos fora da rede credenciada ou, ainda, àqueles que pagaram por serviços não cobertos.

Em casos que envolvam o SUS, deverá ocorrer reembolso total de cobrança indevida, seguida de punição ou não, definida pelo gestor. E em casos de reembolso a beneficiários de OPS, a auditoria em saúde avaliará as questões técnicas, definindo ou não a pertinência deste, que poderá ser negado por questões contratuais. Caso não o seja, a função do auditor em saúde será a de definir a pertinência da fatura apresentada com os serviços prestados, emitindo um parecer técnico ao final da análise.

Competirá ao setor de faturamento fazer o cálculo correto do reembolso cabível[10].

A seguir, no Quadro 4.1, apresentamos um comparativo dos principais modelos de remuneração de profissionais, procurando enfatizar suas principais características, seus pontos fortes e fracos, e, no Quadro 4.2, sintetizamos os principais objetivos de atuação da auditoria em saúde, conforme o momento do atendimento e de acordo com os sistemas de pagamentos anteriormente referidos.

Quadro 4.1 Comparativo entre pontes fortes e pontos fracos de modelos de remuneração

Modelo	Forma de pagamento	Ponto forte	Ponto fraco
Fee for service (FFS) e pacotes (*fee schedule*)	Retrospectivo (pós-serviço: remuneração da produção)	Mais trabalho, mais honorários	Estímulo a práticas inadequadas
Salário	(Predefinida) Remunera tempo	Segurança do vínculo trabalhista	Estimula zona de conforto
Capitação	Prospectivo: remuneração predefinida	Permite gestão dos recursos	Seleção de risco e subtratamento
Pagamento por desempenho (P4P)	Misto: predefinido e pós-ajustado	Premia melhor desempenho	Subtratamento

[10] A técnica para a execução das referidas análises de auditoria em saúde será explicitada no Capítulo 9 deste livro.

Quadro 4.2 Inter-relacionamento das ações dos tipos de auditoria e dos sistemas de pagamento

Sistema de pagamento	Auditoria prospectiva	Auditoria concorrente	Auditoria retrospectiva
Orçamentos históricos	Indicação de procedimentos de alta complexidade	Assistência e plano de cuidados	Adequação do orçamento à qualidade do serviço prestado
Pagamento por unidade de serviço	Indicação de procedimentos de alta complexidade	Consumo inadequado de insumos de maior valor financeiro	Informações gestoras para qualificação dos recursos aplicados
Capitação	Análise nosológica da composição da carteira	Assistência e plano de cuidados	Indicadores de resultados em saúde-qualidade
Bônus ou Comissões	Análise das necessidades da população atendida	Indicadores de atenção à saúde	Indicadores de resultados em saúde, custo-efetividade
Por diagnóstico	Construção de protocolos dos grupos diagnósticos	Assistência e plano de cuidados	Indicadores de resultados em saúde, custo-efetividade
Por resultados	Análise das necessidades dos sistemas de pagamento	Indicadores de atenção à saúde e de processos	Indicadores de resultados em saúde, custo-efetividade
Por orçamentos globais	Análise das necessidades da população atendida	Indicadores de atenção à saúde	Indicadores de resultados em saúde, custo-efetividade

Os sistemas de pagamento não são excludentes entre si, podendo ser combinados de acordo com as peculiaridades e condições de cada prestador ou forma de contratação.

É importante que, para cada situação, a auditoria em saúde identifique os modelos que possam beneficiar o processo e os envolvidos, de forma a tornar este item do processo de atenção à saúde um incentivo à custo-efetividade da assistência.

5 Legislação em saúde aplicada à auditoria

5.1 Conceitos legais relacionados aos pareceres da auditoria em saúde

Os pareceres emanados pela auditoria em saúde precisam ter embasamento técnico e legal. Embora o papel do auditor em saúde seja fundamentalmente técnico, sua análise guarda estreita relação com o contrato de prestação de serviços e com a legislação vigente, seja ela emanada pelo Ministério da Saúde ou por outra esfera do poder público Federal, Estadual ou Municipal, por Agências Reguladoras ou por órgãos vinculados às ações de saúde, como os Conselhos Profissionais.

Embora o conhecimento da legislação seja atribuição mais específica do Direito, o profissional de saúde, em especial o auditor, precisa deste, pois há frequentes inter-relacionamentos entre Saúde e Direito, mormente em período cuja interferência do judiciário no setor da saúde tem representado forte elemento de discussão e gerador de desequilíbrios na gestão da saúde, tanto pública como privada.

Para o entendimento e acolhimento do conhecimento básico da legislação em saúde, é fundamental que o auditor saiba o que prescreve o normativo, mas que busque compreender o "espírito" da lei, que poderíamos traduzir pelo objetivo e abrangência com os quais o legislador a elaborou. Cada lei tem sua base fundamentada em fatos e em momentos pontuais, que nem sempre se repetem da mesma forma como quando ela foi elaborada.

Com a veloz multiplicação do conhecimento na área da saúde e com a incorporação permanente de novas tecnologias, pode haver descompasso entre a lei vigente e as situações reais. Assim, é importante que o auditor em saúde que não tiver formação específica em Direito busque explorar a legislação sobre a qual vai fundamentar seus pareceres administrativos e também algumas nuanças que envolvem a relação entre as diferentes formas em que tal legislação foi estruturada ou promulgada.

Um dos conhecimentos fundamentais é o da Pirâmide de Kelsen, que estabelece a relação hierárquica entre as diversas formas e origens da legislação e do relacionamento entre cada Resolução Normativa, como se vê na Figura 5.1, a seguir.

Figura 5.1 Pirâmide de Kelsen: hierarquia da legislação

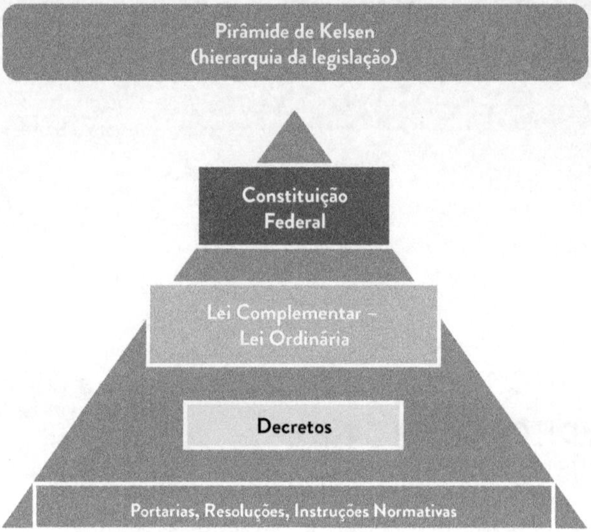

Fonte: Adaptado do Manual de Ouvidoria da Febraban.

A Constituição Federal é a regra maior; dela derivam as demais e nela se encontram os princípios e as normas de conduta para que a sociedade como um todo tenha o entendimento e o compromisso dos limites que devem ser obedecidos, para que cada indivíduo-cidadão saiba quais são seus direitos e deveres.

A Constituição estabelece os mecanismos de relacionamento entre o governo e a sociedade, bem como entre pessoas, jurídicas ou não, sempre buscando o bem comum, que é, em síntese, o bem-estar da população que compõe a pátria.

As demais leis, sejam complementares ou ordinárias, têm por finalidade regulamentar artigos da Constituição, estabelecendo detalhes que a Carta Magna não contém. Tais normativas são hierarquicamente superiores a decretos, portarias e resoluções, que, por sua vez, se sobrepõem às normas estabelecidas e praticadas nos processos internos das OPS.

Dessa forma, o parecer do auditor em saúde deve considerar tal hierarquia para que não se valorize regramento sem força de lei em detrimento, por exemplo, de portaria ministerial ou de lei que a suplante.

5.2 Constituição Federal e leis aplicadas à saúde

Com relação à saúde, a Constituição Brasileira estabelece que esta é um direito de todos e um dever do Estado (art. 196), e que a assistência à saúde é livre à iniciativa privada (art. n. 199). E, em seu art. 197, a Constituição Federal de 1988 também dispõe o seguinte:

> São de relevância pública as ações e serviços de saúde, cabendo ao poder público dispor, nos termos da lei, sobre sua regulamentação, fiscalização e controle, devendo sua execução ser feita diretamente ou através de terceiros e, também, por pessoa física ou jurídica de direito privado.

As ações de fiscalização e controle podem, portanto, ser feitas também por terceiros que não sejam dispostos pelo Poder Público. Importante ressaltar, entre as várias determinações legais, o art. 16 da Lei Orgânica da Saúde (Lei n. 8080/90), que criou o Sistema Nacional de Auditoria, e o Decreto n. 1651, de 28 de setembro de 1995, que o regulamentou, o qual permite ao financiador público organizar as ações de auditoria em saúde.

Na estrutura desse sistema, está o Departamento Nacional de Auditoria do SUS (Denasus), que exerce as funções de auditoria e fiscalização especializada no âmbito do SUS, perante o qual

> [...] auditoria é um instrumento de gestão para fortalecer o Sistema Único de Saúde (SUS), contribuindo para a alocação e utilização adequada dos recursos, a garantia do acesso e a qualidade da atenção a saúde oferecida aos cidadãos[1].

O Sistema de Saúde criado pela Constituição engloba as ações governamentais executadas em instituições públicas, mas também rege as ações fundamentais da iniciativa privada. Duas autarquias que funcionam como Agências Reguladoras - Anvisa e ANS -, criadas por leis federais, são de fundamental importância para a regulação das ações de saúde, lembrando que a rede da chamada Saúde Suplementar, por vezes denominada complementar, deve obedecer aos mesmos ditames legais previstos para as organizações públicas de saúde.

> Criada pela Lei n. 9.782, de 26 de janeiro de 1999, a Agência Nacional de Vigilância Sanitária (Anvisa) é uma autarquia sob regime especial, que tem como área de atuação não um setor específico da economia, mas todos os setores relacionados a produtos e serviços que possam afetar a saúde da população brasileira[2].

1 Disponível em: <www.saude.gov.br>. Acesso em: 14 nov. 2013.

2 Disponível em: <http://portal.anvisa.gov.br/wps/portal/anvisa/anvisa/agencia>. Acesso em: 14 nov. 2013.

A finalidade institucional da Anvisa é promover a proteção da saúde da população por intermédio do controle sanitário da produção e da comercialização de produtos e serviços submetidos à vigilância sanitária, inclusive dos ambientes, dos processos, dos insumos e das tecnologias a eles relacionados.

A Agência Nacional de Saúde Suplementar (ANS), criada pela Lei n. 9961/2000 e complementada pela Medida Provisória 2177-44/2001, é uma autarquia sob regime especial, vinculada ao Ministério da Saúde. Como autarquia, tem autonomia técnica e administrativa (âmbito de competência) e lhe compete propor políticas e diretrizes para:

> [...] promover a defesa do interesse público na assistência suplementar à saúde, regulando as operadoras setoriais, inclusive quanto às suas relações com prestadores e consumidores, contribuindo para o desenvolvimento das ações de saúde no país. (art. 3).

Para estabelecer a correlação entre a legislação e a atuação da auditoria em saúde, ressaltamos em itálico os principais pontos de convergência entre as competências legais da ANS, enunciadas no art. 4. da Lei n. 9961, e suas complementações, relacionadas a seguir. Entende-se que todas as competências são importantes e têm sua relação com as operadoras, porém procuramos manter aquelas que guardam maior vínculo com a auditoria em saúde, retirando da relação as que definem competências de características mais administrativas ou mercadológicas:

> Compete à ANS:
>
> I – *propor políticas e diretrizes gerais ao Conselho Nacional de Saúde Suplementar (Consu)* para a regulação do setor de saúde suplementar;
>
> II – estabelecer as *características gerais dos instrumentos contratuais* utilizados na atividade das operadoras;
>
> III – *elaborar o rol de procedimentos e eventos em saúde*, que constituirão referência básica para os fins do disposto na Lei n. 9.656, de 3 de junho de 1998, e suas excepcionalidades;
>
> IV – *fixar critérios para os procedimentos de credenciamento e descredenciamento de prestadores de serviço às operadoras;*
>
> V – *estabelecer parâmetros e indicadores de qualidade* e de cobertura em assistência à saúde para os serviços próprios e de terceiros oferecidos pelas operadoras;
>
> VI – estabelecer normas para *ressarcimento ao Sistema Único de Saúde (SUS)*;
>
> VII – *estabelecer normas relativas à adoção e utilização, pelas operadoras de planos de assistência à saúde, de mecanismos de regulação do uso dos serviços de saúde;*

VIII – deliberar sobre a criação de câmaras técnicas, de caráter consultivo, de forma a subsidiar suas decisões;

IX – *normatizar os conceitos de doença e lesão preexistentes;*

[...]

XV – *estabelecer critérios de aferição e controle da qualidade dos serviços oferecidos pelas operadoras de planos privados de assistência à saúde,* sejam eles próprios, referenciados, contratados ou conveniados;

[...]

XIX – *proceder à integração de informações com os bancos de dados do Sistema Único de Saúde;*

[...]

XXIV – *exercer o controle e a avaliação dos aspectos concernentes à garantia de acesso, manutenção e qualidade dos serviços prestados,* direta ou indiretamente, pelas operadoras de planos privados de assistência à saúde;

XXV – *avaliar a capacidade técnico-operacional das operadoras de planos privados de assistência à saúde para garantir a compatibilidade da cobertura oferecida com os recursos disponíveis na área geográfica de abrangência;*

[...]

XXVII – *fiscalizar aspectos concernentes às coberturas e o cumprimento da legislação referente aos aspectos sanitários e epidemiológicos, relativos à prestação de serviços médicos e hospitalares* no âmbito da saúde suplementar;

XXVIII – *avaliar os mecanismos de regulação utilizados pelas operadoras de planos privados de assistência à saúde;*

XXIX – *fiscalizar o cumprimento das disposições da Lei n. 9.656, de 1998, e de sua regulamentação;*

[...]

XXXVI – *articular-se com os órgãos de defesa do consumidor visando à eficácia da proteção e defesa do consumidor de serviços privados de assistência à saúde, observado o disposto na Lei n. 8.078, de 11 de setembro de 1990;*

XXXVII – *zelar pela qualidade dos serviços de assistência à saúde no âmbito da assistência à saúde suplementar;*

[...]

XLI – *fixar as normas para constituição, organização, funcionamento e fiscalização das operadoras de produtos de que tratam o inc. Iº e o § 1º do art. 1º da Lei n. 9.656, de 3 de junho de 1998, incluindo: (Incluído pela Medida Provisória n. 2.177-44, de 2001);*

a) *conteúdos e modelos assistenciais; (Incluído pela Medida Provisória n. 2.177-44, de 2001);*

b) *adequação e utilização de tecnologias em saúde; (Incluído pela Medida Provisória n. 2.177-44, de 2001).*

[...]

g) *garantias assistenciais, para cobertura dos planos ou produtos comercializados ou disponibilizados; (Incluído pela Medida Provisória n. 2.177-44, de 2001).*

Vale ressaltar que, observadas as competências da Agência definidas na lei, há frequentes referências à qualidade assistencial, à produção e troca de informações e, em especial, ao processo de regulação das demandas, atividades intrinsecamente ligadas à auditoria em saúde.

Do mesmo modo, as portarias emanadas do Ministério da Saúde, quando não especificadas a que instituições se destinam, são válidas e devem ser seguidas por toda a cadeia de prestadores da assistência à saúde.

No entendimento das portarias e das demais legislações, é importante que o auditor saiba separar as que estabelecem critérios técnicos para a atuação diante de determinada doença ou condição que a elas se relacionam das que definem, por exemplo, o financiamento de determinada ação. As primeiras são parâmetros para todas as instituições de saúde, e as segundas têm destino certo, de acordo com suas publicações. O auditor em saúde deve construir suas fontes de referência com estas legislações e suas atualizações, a fim de pautar seus pareceres e sua conduta.

Hoje, diante da multiplicidade e da abrangência da legislação brasileira para o setor saúde, é crucial que todas as organizações dessa área tenham apoio jurídico, mormente caso se trate de organização que atenda fontes de financiamento públicas e privadas. Ciente dessa necessidade, o Ministério da Saúde disponibiliza toda a legislação vigente, com as respectivas atualizações, em seu site[3], o qual pode ser acessado livremente, sem a necessidade de cadastramento.

O Quadro 5.1, a seguir, apresenta, de forma resumida, as principais legislações que devem ser conhecidas pelo auditor em saúde; elas estabelecem as normas para o SUS, representando os fundamentos de princípios norteadores do próprio sistema.

[3] Disponível em: <http://portalsaude.saude.gov.br>. Acesso em: 19 mai. 2014.

Quadro 5.1 Principais leis em saúde e suas relevâncias em auditoria

Legislação	Resumo da finalidade	Relevância em Auditoria em Saúde
Constituição Federal de 1988	Estabelece direitos e deveres da Sociedade.	Normativo maior da legislação brasileira.
Lei Orgânica da Saúde (Lei n. 8080/90)	Regulamenta a operacionalização do direito à saúde e as obrigações das organizações de saúde.	Art. 16: institui o Sistema Nacional de Auditoria.
Lei n. 8142/90	Institui a participação popular no SUS.	Estabelece processos de controle e de avaliação popular.
Lei n. 9656/98: Lei dos Planos de Saúde	Regula os planos privados de assistência à saúde.	Dispõe sobre as bases da oferta e das restrições da assistência à saúde suplementar.
Lei n. 9.782, de 26 de janeiro 1999	Cria a Agência Nacional de Vigilância Sanitária.	Autarquia responsável pelo controle sanitário de produtos e de organizações de saúde e pelo sistema de notificação de eventos adversos (Notivisa).
Lei n. 9961/00	Cria a Agência Nacional de Saúde Suplementar.	Dispõe sobre a finalidade da autarquia e sua relação com as operadoras de planos de saúde privados no país.
Lei n. 8078/90: Código de Defesa do Consumidor	Dispõe sobre a proteção do consumidor.	Define prestação de serviços de saúde entendida como bem de consumo.
Consu n. 8/98 (Conselho de Saúde Suplementar)	Dispõe sobre os mecanismos de regulação.	Estabelece especialmente os mecanismos de regulação e da constituição de junta médica.
Decreto n. 1.651 (28 de setembro de 1995)	Dispõe sobre a organização do Sistema Nacional de Auditoria do SUS.	Regulamenta o Sistema Nacional de Auditoria.

Muito embora o processo de auditoria no âmbito da saúde suplementar, referido como Regulação, tenha sido estabelecido pelo art. 1 (§ 1, alínea d) da Lei n. 9656/98 e alterado pela Medida Provisória 2.177-44, de 24 de agosto de 2001, é importante que o auditor em saúde conheça também o que dispõe o art. 10 dessa mesma Lei, a saber:

> Art. 10 É instituído o plano-referência de assistência à saúde, com cobertura assistencial médico-ambulatorial e hospitalar, compreendendo partos e tratamentos, realizados exclusivamente no Brasil, com padrão de enfermaria, centro de terapia intensiva, ou similar, quando necessária a internação hospitalar, das doenças listadas na Classificação Estatística

Internacional de Doenças e Problemas Relacionados com a Saúde, da Organização Mundial de Saúde, respeitadas as exigências mínimas estabelecidas no art. 12 desta Lei, exceto: (Redação dada pela Medida Provisória n. 2.177-44, de 2001):

I – tratamento clínico ou cirúrgico experimental; (Redação dada pela Medida Provisória n. 2.177-44, de 2001);

II – procedimentos clínicos ou cirúrgicos para fins estéticos, bem como órteses e próteses para o mesmo fim;

III – inseminação artificial;

IV – tratamento de rejuvenescimento ou de emagrecimento com finalidade estética;

V – fornecimento de medicamentos importados não nacionalizados;

VI – fornecimento de medicamentos para tratamento domiciliar;

VII – fornecimento de próteses, órteses e seus acessórios não ligados ao ato cirúrgico; (Redação dada pela Medida Provisória n. 2.177-44, de 2001);

VIII – (Revogado pela Medida Provisória n. 2.177-44, de 2001);

IX – tratamentos ilícitos ou antiéticos, assim definidos sob o aspecto médico, ou não reconhecidos pelas autoridades competentes;

X – casos de cataclismos, guerras e comoções internas, quando declarados pela autoridade competente:

§ 1º As exceções constantes dos incisos deste artigo serão objeto de regulamentação pela ANS. (Redação dada pela Medida Provisória n. 2.177-44, de 2001);

§ 2º As pessoas jurídicas que comercializam produtos de que tratam o inc. Iº e o § 1º do art. 1º desta Lei oferecerão, obrigatoriamente, a partir de 3 de dezembro de 1999, o plano-referência de que trata este artigo a todos os seus atuais e futuros consumidores. (Redação dada pela Medida Provisória n. 2.177-44, de 2001);

§ 3º Excluem-se da obrigatoriedade a que se refere o § 2º deste artigo as pessoas jurídicas que mantêm sistemas de assistência à saúde pela modalidade de autogestão e as pessoas jurídicas que operem exclusivamente planos odontológicos. (Redação dada pela Medida Provisória n. 2.177-44, de 2001);

§ 4º A amplitude das coberturas, inclusive de transplantes e de procedimentos de alta complexidade, será definida por normas editadas pela ANS. (Incluído pela Medida Provisória n. 2.177-44, de 2001);

Art. 10-A Cabe às operadoras definidas nos incs. I e II do § 1º do art. 1º desta Lei, por meio de sua rede de unidades conveniadas, prestar serviço de cirurgia plástica reconstrutiva de mama, utilizando-se de todos os meios e técnicas necessárias, para o tratamento de mutilação decorrente de utilização de técnica de tratamento de câncer. (Incluído pela Lei n. 10.223, de 2001)

Art. 10-B Cabe às operadoras dos produtos de que tratam o inc. Iº e o § 1º do art. 1º, por meio de rede própria, credenciada, contratada ou referenciada, ou mediante reembolso, fornecer bolsas de colostomia, ileostomia e urostomia, sonda vesical de demora e coletor de urina com conector, para uso hospitalar, ambulatorial ou domiciliar, vedada a limitação de prazo, valor máximo e quantidade. (Incluído pela Lei n. 12.738, de 2012)

Esta legislação estabeleceu os parâmetros de cobertura relacionados para os produtos dos planos de saúde e, em seu art. 35, criou o Conselho de Saúde Suplementar (Consu), que é órgão colegiado, integrante da estrutura regimental do Ministério da Saúde, com competência para, entre outras coisas:

I – estabelecer e supervisionar a execução de políticas e diretrizes gerais do setor de saúde suplementar;

[...]

V – deliberar sobre a criação de câmaras técnicas, de caráter consultivo, de forma a subsidiar suas decisões.

Para fins de auditoria em saúde, é importante citar que este órgão foi responsável pela elaboração da Resolução Consu n. 8, que, em seu primeiro artigo, define:

Art. 1º O gerenciamento das ações de saúde poderá ser realizado pelas operadoras de planos de saúde de que trata o inc. Iº do § 1º do art. 1º da Lei n. 9.656/98, através de ações de controle, ou regulação, tanto no momento da demanda quanto da utilização dos serviços assistenciais, em compatibilidade com o disposto no código de ética profissional, na Lei n. 9.656/98 e de acordo com os critérios aqui estabelecidos. (Redação dada pela Resolução Consu n. 15, de 1999).

Também é de fundamental importância para o auditor em saúde o conhecimento dos arts. 2 e 4, transcritos a seguir:

Art. 2º Para adoção de práticas referentes à regulação de demanda da utilização dos serviços de saúde, estão vedados:

I – qualquer atividade ou prática que infrinja o Código de Ética Médica ou o de Odontologia;

II – qualquer atividade ou prática que caracterize conflito com as disposições legais em vigor;

III – limitar a assistência decorrente da adoção de valores máximos ou teto de remuneração, no caso de cobertura a patologias ou eventos assistenciais, excetuando-se as previstas nos contratos com cláusula na modalidade de reembolso;

IV – estabelecer mecanismos de regulação diferenciados, por usuários, faixas etárias, graus de parentesco ou outras estratificações dentro de um mesmo plano;

V – utilizar mecanismos de regulação, tais como autorizações prévias, que impeçam ou dificultem o atendimento em situações caracterizadas como de urgência ou emergência;

VI – negar autorização para a realização do procedimento exclusivamente em razão do profissional solicitante não pertencer à rede própria ou credenciada da operadora. (Redação dada pela Resolução Consu n. 15, de 1999);

VII – estabelecer coparticipação ou franquia que caracterize financiamento integral do procedimento por parte do usuário, ou fator restritor severo ao acesso aos serviços;

VIII – estabelecer, em casos de internação, fator moderador em forma de percentual por evento, com exceção das definições específicas em saúde mental;

IX – Reembolsar ao consumidor as despesas médicas provenientes do sistema de livre escolha com valor inferior ao praticado diretamente na rede credenciada ou referenciada. (Incluído dada pela Resolução Consu n. 15, de 1999).

Art. 4º As operadoras de planos ou seguros privados de assistência à saúde, quando da utilização de mecanismos de regulação, deverão atender às seguintes exigências:

I – informar clara e previamente ao consumidor, no material publicitário do plano ou seguro, no instrumento de contrato e no livro ou indicador de serviços da rede:

a) os mecanismos de regulação adotados, especialmente os relativos a fatores moderadores ou de coparticipação e de todas as condições para sua utilização;

b) os mecanismos de "porta de entrada", direcionamento, referenciamento ou hierarquização de acesso;

II – encaminhar ao Ministério da Saúde, quando solicitado, documento técnico demonstrando os mecanismos de regulação adotados, com apresentação dos critérios aplicados e parâmetros criados para sua utilização;

III – fornecer ao consumidor laudo circunstanciado, quando solicitado, bem como cópia de toda a documentação relativa às questões de impasse que possam surgir no curso do contrato, decorrente da utilização dos mecanismos de regulação;

IV – garantir ao consumidor o atendimento pelo profissional avaliador no prazo máximo de um dia útil a partir do momento da solicitação, para a definição dos casos de aplicação das regras de regulação, ou em prazo inferior quando caracterizada a urgência;

V – garantir, no caso de situações de divergências médica ou odontológica a respeito de autorização prévia, a definição do impasse através de junta constituída pelo profissional solicitante ou nomeado pelo usuário, por médico da operadora e por um terceiro, escolhido de comum acordo pelos dois profissionais acima nomeados, cuja remuneração ficará a cargo da operadora;

VI – informar previamente a sua rede credenciada e/ou referenciada quando houver participação do consumidor, em forma de franquia, nas despesas decorrentes do atendimento realizado;

VII – estabelecer, quando optar por fator moderador em casos de internação, valores prefixados que não poderão sofrer indexação por procedimentos e/ou patologias.

É fundamental observar, no inc. V do art. 4º desta Resolução, a possibilidade de estabelecer junta médica quando houver divergência entre o médico assistente e o representante da OPS em relação à proposição de determinada conduta.

As cooperativas de trabalho em saúde também estão sujeitas à Lei n. 5764/71, recentemente modificada pela Lei n. 12.690, de 19 de julho de 2012, que também se refere às cooperativas de trabalho; esta Lei, contudo, não atingiu as cooperativas de saúde, conforme as exclusões relacionadas a seguir:

Parágrafo único. Estão excluídas do âmbito desta Lei:

I – as cooperativas de assistência à saúde na forma da legislação de saúde suplementar; [...]

III – as cooperativas de profissionais liberais cujos sócios exerçam as atividades em seus próprios estabelecimentos; e

IV – as cooperativas de médicos cujos honorários sejam pagos por procedimento.

Todos os consumidores, isto é, os beneficiários de planos de saúde, estão, como cidadãos que são, sob a proteção da Lei n. 8078/90, que dispõe sobre a proteção do consumidor (Código de Defesa do Consumidor), especialmente pelo inc. I do art. 6, pelo art. 34, pelo inc. IV do art. 39 e pelos arts. 47 e 50.

5.3 Resoluções das agências reguladoras e dos conselhos profissionais

As agências reguladoras com atuação em saúde - ANS e Anvisa - produzem regras expressas por meio de várias normativas.

A ANS possui uma diretoria colegiada (Dicol), que é a responsável pela administração da agência. Por meio da Resolução Normativa n. 197, de 16 de julho de 2009[4], a ANS estabeleceu, no seu Regimento Interno, as definições e o alcance de suas normativas, entre as quais selecionamos aquelas de maior interesse para a auditoria em saúde, conforme segue:

> Art. 85. Para fins desta Resolução, considera-se:
>
> I – instrução: expressa decisão de caráter normativo e de serviço, de acordo com a seguinte classificação:
>
> a) normativa – IN: para fins de detalhamento de matérias e procedimentos de alcance externo previstos em resoluções normativas;
>
> b) de serviço – IS: para fins de detalhamento de normas, critérios, procedimentos, orientações, padrões e programas, de alcance interno, no âmbito de competência regimental de determinado órgão ou da ANS, conforme o caso;
>
> II – portaria: expressa decisões relativas a assuntos de gestão administrativa, de recursos humanos e de constituição de comissões, grupos de trabalho e assemelhados, de alcance interno ou externo à ANS;
>
> III – decisão: expressa manifestações finais ou interlocutórias em processo administrativo da ANS;
>
> IV – parecer: expressa análise de caráter jurídico sobre matéria em apreciação pela PROGE, com efeito vinculante a todos órgãos e agentes públicos da ANS, uma vez aprovado pela DICOL;

[4] Disponível em: <www.ans.gov.br/index2.php?option=com_legislacao&view=legislacao&task=PDFAtualizado&format=raw&id=1460>. Acesso em: 15 fev. 2014.

V – nota: expressa análise de caráter técnico ou administrativo sobre matéria em apreciação pela ANS com a finalidade de subsidiar decisão;

[...]

VII – requisição de informações: expediente externo dirigido às operadoras e aos prestadores de serviço, sujeitos à ação da ANS, para a requisição de informações técnicas, operacionais, assistenciais e econômicas, respeitado e mantido o sigilo legal das mesmas, quando for o caso;

VIII – convocação: expediente externo dirigido às operadoras e aos prestadores de serviços, quando da realização de reuniões técnicas ou setoriais;

IX – ofício: a forma adotada para os demais expedientes externos expedidos, independente de seu conteúdo ou de nomenclatura adotada em regulamentação específica; e

[...]

§1º Os atos normativos previstos no inc. I, na hipótese de serem elaborados em conjunto, por duas ou mais diretorias, serão denominados de instrução normativa conjunta ou instrução de serviço conjunta, conforme o caso.

Art. 86. A DICOL manifesta-se pelos seguintes instrumentos, assim qualificados:

[...]

II – resolução: expressa decisão normativa, operacional e administrativa, de alcance interno e externo, de acordo com a seguinte classificação:

a) normativa – RN: expressa decisão normativa que regula a implementação da política de saúde suplementar nacional e a prestação dos serviços de assistência suplementar à saúde, inclusive para aprovação ou alteração do Regimento Interno da ANS e para a definição de instrumentos e sistemas de coletas periódicas de informações, e possui alcance interno e externo;

b) normativa conjunta – RNC: expressa o ato normativo elaborado em conjunto entre a ANS e um ou mais órgãos ou entidades externos, relacionado de alguma forma à regulação ou à matéria administrativa da ANS, podendo receber outra nomenclatura a critério da DICOL;

c) operacional – RO: expressa decisão para fins de implementação de ações ou procedimentos operacionais específicos, de alcance externo, previstos em Resoluções Normativas, tais como: alienação de carteira, instauração de regimes de direção técnica, direção fiscal e de liquidação extrajudicial; e

d) administrativa – RA: expressa decisão para fins de implementação de ações ou procedimentos administrativos, voltados ao funcionamento da ANS;

III – súmula normativa: expressa interpretação da legislação de saúde suplementar, com efeito vinculante a todos órgãos e agentes públicos da ANS;

[...]

V – consulta pública: expressa decisão que submete documento ou assunto a comentários e sugestões do público em geral;

VI – comunicado: expressa decisão afeta à matéria administrativa, em análise de casos concretos, com alcance interno ou externo; e

VII – despacho: expressa deliberação da ANS sobre plano de recuperação, termo de compromisso de ajuste de conduta, petição, requerimento ou recurso de terceiros, e outros assuntos não previstos nos demais incisos enumerados neste artigo, de interesse individual ou coletivo, com alcance interno ou externo. [...]

Já a Anvisa tem seu regimento interno aprovado pela Portaria n. 354, de 11 de agosto de 2006 (Republicada no DOU, de 21.08.06, e retificada no DOU, de 29.08.06)[5] e no seu Capitulo XXV, Seções I e II, define assim os instrumentos da sua Diretoria Colegiada:

Seção I

Dos Instrumentos Decisórios e Atos da Diretoria Colegiada

Art. 54. A Diretoria Colegiada exerce as competências previstas na Lei e no presente Regimento Interno, e manifesta-se pelos seguintes instrumentos decisórios, assim qualificados: (Redação dada pela Portaria n. 447, de 7 de abril de 2009 – publicada no DOU de 08.04.09)

I – Ata – consigna deliberações da Diretoria Colegiada, como resultados de processos decisórios de alcance interno e externo, assim como determinação de realização de audiências públicas e de consultas públicas;

[5] Disponível em: <http://portal.anvisa.gov.br/wps/content/Anvisa+Portal/Anvisa/Agencia/Assunto+de+Interesse/Regimento+Interno>. Acesso em: 15 fev. 2014.

II - Resolução de Diretoria Colegiada (RDC) - expressa decisão para fins normativos ou intervenção;

III - Súmula - expressa a síntese da interpretação da legislação de vigilância sanitária, a partir de um conjunto de arestos, revelando sua orientação para casos análogos;

IV - Aresto - expressa decisões em matéria contenciosa e nos recursos que lhe forem dirigidos, que servem de paradigma para solução de casos análogos;

V - Consulta Pública (CP)- expressa decisão que submete documento ou assunto a comentários e sugestões do público geral;

VI - Despacho - expressa deliberação da Agência sobre o plano de recuperação, termo de compromisso de ajuste de conduta, petição, requerimento ou recurso de terceiros e outros assuntos não previstos nos demais incisos enumerados neste artigo, de interesse individual ou coletivo, com alcance interno ou externo;

VII - Comunicado - expressa a decisão afeta à matéria administrativa, em análise de casos concretos, com alcance interno ou externo.

Seção II

Dos Instrumentos Decisórios e Atos do Diretor-Presidente e demais autoridades

Art. 55. O Diretor-Presidente e demais autoridades da Agência exercem as competências previstas na Lei e no presente Regimento Interno, e manifestam-se pelos seguintes instrumentos decisórios, assim qualificados: (NR) (Redação dada pela Portaria nº 658, de 16 de maio de 2011 - republicada no DOU de 18.05.11)

I - Resolução (RE) - para fins autorizativos, homologatórios, certificatórios, cancelatórios, de interdição, de imposição de penalidades específicas contra propaganda infringente à legislação sanitária e afim;

II - Instrução Normativa (IN)- expressa decisão de caráter normativo para fins de detalhamento ou orientação de procedimentos de alcance externo;

III - Orientação de Serviço (OS) - expressa decisão de caráter normativo para fins de detalhamento de normas, critérios, procedimentos, orientações, padrões e programas, de alcance interno, no âmbito de competência e atuação das áreas;

[...]

V - Despacho - com decisões finais ou interlocutórias em processo de instrução da Agência;

VI – Parecer – expressa análise de caráter técnico, jurídico ou administrativo, sobre matéria em apreciação pela Anvisa;

VII – Nota Técnica – expressa o entendimento técnico sobre matéria em apreciação pela Anvisa.

Cada modalidade de normativa, independentemente da autarquia que a exarou, tem, no Regimento Interno específico de determinada agência, a previsão da obrigatoriedade ou não de publicação no Diário Oficial da União (DOU), para sua validação.

As principais resoluções normativas de interesse da auditoria serão apresentadas nos respectivos temas abordados neste livro; entretanto, destacamos desde já as seguintes situações que devem ser observadas pelos auditores em saúde, disponíveis no site da ANS:[6]

- RN 338/2013: refere-se: ao rol de procedimentos e de eventos que determinam as coberturas obrigatórias para os planos regulamentados no anexo I; às diretrizes de utilização (DUT) para procedimentos no anexo II; às diretrizes clínicas (DC) no anexo III, que definem critérios para obrigatoriedade de cobertura de alguns procedimentos listados no anexo I e aos Protocolos de Utilização (PROUT) no anexo IV, estes voltados a alguns procedimentos e eventos listados no Rol.
- RN 343/2013: regovou a RN 226/2009 e refere-se ao mecanismo da chamada Notificação de Investigação Preliminar (NIP).
- RN 259/2011 e atualizações: estabelece prazos máximos, abrangências geográficas dos recursos e condições de atendimento pela rede.
- RN 319/2013 e atualizações: estabelece mecanismos e prazos para o fornecimento de negativas formais pela operadora de saúde[7].

As legislações específicas para os prestadores de serviços de saúde serão relacionadas no capítulo dedicado à auditoria hospitalar, propriamente dita.

Cabe aqui ressaltar a importância das normas que emanam dos conselhos profissionais relacionados à saúde, em especial os de Medicina, de Enfermagem e de Farmácia, sem demérito dos demais conselhos profissionais envolvidos na assistência.

O Conselho Federal de Medicina (CFM) é um órgão que possui atribuições constitucionais de fiscalização e normatização da prática médica, devendo, portanto, atuar na defesa da saúde da população e dos interesses da classe médica[8]. Juntamente à Associação Médica Brasileira, o CFM publica diretrizes (Projeto Diretrizes) que fundamentam tecnicamente indicações e avaliações de procedimentos médicos e que podem servir de referência para análises em saúde.

---

6 Disponível em: <www.ans.gov.br>. Acesso em: 19 mai. 2014.

7 Disponível em: <www.ans.gov.br>. Acesso em: 14 nov. 2013.

8 Disponível em: <www.portalmedico.org.br>. Acesso em: 14 nov. 2013.

O CFM estabelece padrões éticos por meio das resoluções gerais, mais especificamente para a auditoria médica, com base na Resolução n. 1614/2001, que normatiza o relacionamento entre médicos neste processo. Merecem menção as Resoluções n. 1931/2009, que são o código de ética médica, e a Resolução n. 1956/2010, que se refere ao processo de regulação e à notificação de eventos adversos pelo médico assistente.

O Conselho Federal de Enfermagem (Cofen) e seus respectivos Conselhos Regionais (Corens), criados em 12 de julho de 1973, por meio da Lei n. 5.905, formam o Sistema Cofen/Conselhos Regionais, responsável por normatizar e fiscalizar o exercício da profissão de enfermeiros, técnicos e auxiliares de enfermagem, zelando pela qualidade dos serviços prestados e pelo cumprimento da Lei do Exercício Profissional da Enfermagem. Entre suas atividades principais, estão a de disciplinar e fiscalizar o exercício profissional, observadas as diretrizes gerais do Cofen, decidir sobre assuntos atinentes à ética profissional, impondo as penalidades cabíveis, e zelar pelo bom conceito da profissão e dos que a exercem[9].

No Brasil, toda a atividade profissional exercida por farmacêuticos está sob a jurisdição do Conselho Federal de Farmácia, que regulamenta e disciplina o seu exercício, com base na Lei n. 3.820, assinada no dia 11 de novembro de 1960.

Esse universo de normativas e legislações é passível de atualizações e mudanças relacionadas ao usos e costumes da sociedade.

A observação constante e a busca das atualizações dessas regulamentações devem ser feitas mediante pesquisas regulares aos órgãos responsáveis por sua elaboração, pois modificações ou revogações em dispositivos podem alterar um parecer da auditoria ou mesmo torná-lo obsoleto após algum tempo. Por isso, é fundamental que o embasamento legal do parecer de um auditor se apoie em documento atualizado e em fontes seguras, que devem estar referenciadas e indexadas como ferramenta de suporte à análise da auditoria. Se houver disponibilidade, consultorias especializadas em legislação da área de saúde devem ser ouvidas periodicamente para tais atualizações. E caso não haja essa possibilidade, o próprio auditor deve constituir uma sistemática de trabalho com esse objetivo.

9 Mais informações no site do Cofen. Disponível em: <http://novo.portalcofen.gov.br>. Acesso em: 14 nov. 2013.

PARTE II

AUDITORIA HOSPITALAR

6 Organizações de saúde: hospital

6.1 Organizações de saúde em geral

Organizações de saúde são entendidas aqui como entidades jurídicas que disponibilizam ao público serviços voltados à assistência à saúde.

São exemplos desse tipo de organização:

- Hospitais e assemelhados (hospitais gerais, especializados, clínicas, serviços de atenção domiciliar).
- Unidades ou ambulatórios de saúde públicos ou privados.
- Consultórios de profissionais da área de saúde.
- Serviços voltados ao apoio diagnóstico (com e sem imagens).
- Serviços de terapia (clínicas de quimioterapia, diálise, hemoterapia, fisioterapia e reabilitação, fonoaudiologia, nutrição, entre outros).
- Indústria farmacêutica com toda a sua rede de distribuição.
- Indústria de materiais de implante com toda a sua rede de fornecedores.
- Operadoras de planos de saúde, entre outras.

Todas as organizações que executam serviços de saúde no Brasil são regulamentadas por normas emanadas do Ministério da Saúde e das Agências Reguladoras vinculadas ao setor saúde, como a ANS e a Anvisa.

Essa regulamentação do setor exige que as organizações de saúde constituam recursos, tanto estruturais como humanos, para que os processos de assistência sejam executados dentro de padrões mínimos e qualificados.

O foco deste capítulo e de grande parte deste livro está voltado para a assistência hospitalar, e é oportuno nos lembrarmos de que, em função do nível de complexidade de alguns hospitais, grande parte dos processos que ocorrem em unidades de saúde isoladas, como as relacionadas anteriormente, pode estar agregada simultaneamente em um único hospital.

A estruturação física de uma organização de saúde deve obedecer ao que prevê a Resolução de Diretoria Colegiada (RDC) n. 50 da Anvisa:[1]

> RDC n. 50, de 21 de fevereiro de 2002.
>
> (I)
>
> Dispõe sobre o Regulamento Técnico para planejamento, programação, elaboração e avaliação de projetos físicos de estabelecimentos assistenciais de saúde.

Além de englobar várias normas referentes à estrutura física, essa RDC determina a programação físico-funcional dos estabelecimentos assistenciais de saúde, voltada a toda assistência, inclusive aos serviços de promoção da saúde, bem como aos processos de capacitação dos recursos humanos; estabelece também o dimensionamento, a quantificação e as instalações prediais dos ambientes das várias modalidades da assistência.

O tipo de organização de saúde que mais representa seus prestadores de serviços, pela complexidade e pela variabilidade, são os hospitais, que, pela RDC n. 50 são definidos como um "estabelecimento de saúde dotado de internação, meios diagnósticos e terapêuticos, com o objetivo de prestar assistência médica curativa e de reabilitação, podendo dispor de atividades de prevenção, assistência ambulatorial, atendimento de urgência/emergência e de ensino/pesquisa".

O foco principal de atuação dos hospitais é a prestação de serviços de saúde; porém, de acordo com seu porte, sua abrangência geográfica e sua complexidade, pode desempenhar outros papéis, o que é particularmente comum com hospitais públicos localizados em capitais e em cidades que são polos regionais.

Nesses locais, alguns hospitais, principalmente os públicos, podem atuar no ensino e na pesquisa. Com frequência, os chamados hospitais de clínicas estão vinculados ao ensino de vários profissionais de saúde; a própria denominação indica a possibilidade de cuidados em variadas especialidades, o que permite às instituições vinculadas a faculdades de medicina e de enfermagem, entre outras, prover um ensino mais abrangente. Os hospitais universitários também são responsáveis por processos de pesquisa, que fazem parte do progresso das ciências da saúde.

---

1 Disponível em: <www.anvisa.gov.br/hotsite/segurancadopaciente/documentos/rdcs/RDC%20N%C2%BA%2050-2002.pdf>. Acesso em: 14 nov. 2013.

As várias modalidades de assistência à saúde e os diversos eventos contidos nelas, seja nos hospitais eminentemente assistenciais ou naqueles de ensino e pesquisa, conferem a esses estabelecimentos a configuração de uma grande teia de processos, que colocam a auditoria, tanto interna como externa à organização, como um forte elemento de apoio à gestão do conjunto.

É previsível que, em um hospital universitário, o trabalho da auditoria precise ser mais intenso e diversificado do que em um hospital assistencial, mas, em qualquer deles, o desafio de avaliar a qualidade da assistência deve ser o objetivo da existência de serviços de auditoria hospitalar.

É importante ressaltar que no Brasil, segundo o Portal Brasil[2], existem 6.500 hospitais integrados ao SUS, sendo 48% particulares; são instituições que podem oferecer desde atendimento ambulatorial ao transplante de órgãos. Ainda, segundo a mesma fonte, "entre as unidades da rede pública que atendem pelo SUS estão 69 hospitais federais, 618 estaduais e 2.278 municipais, espalhados por todos os estados brasileiros. Todos os hospitais universitários atendem pelo sistema de saúde público".

Conforme o Cadastro Nacional de Estabelecimentos de Saúde (CNES)[3], as regiões sudeste e sul do país tem o maior percentual de hospitais privados (acima de 60% do total cadastrado no país) atendendo ao financiamento público da assistência à saúde. Os hospitais públicos estão vinculados às três esferas de governo, com predominância, nas esferas federal e estadual, dos hospitais universitários.

Esses dados são importantes para o auditor em saúde, pois cada forma de financiamento (público, privado ou misto) estabelece mecanismos de gestão e objetivos diversos, que interferem na atuação do auditor, mostrados a seguir.

O percentual de internações hospitalares estimado pela portaria do Ministério da Saúde GM 1101, de 2002, para o sistema público, por exemplo, é de 7% a 9% da população assistida ao ano, enquanto a ANS determina como aceitável a media do setor que, nos últimos anos, correspondeu a percentuais entre 13% e 14%.

Tais diferenças sugerem maior ou menor cuidado com a saúde das populações envolvidas?

Se aplicarmos o conhecimento em saúde, olhando exclusivamente esses porcentuais, podemos inferir que houve maior cuidado em saúde junto à população com maior índice de internação, mas, por outro lado, tais números sugerem que houve falha na gestão de riscos evitáveis para que os agravos que levaram à internação ocorressem.

Esse modelo de análise qualitativa é dependente do conhecimento em saúde, que se origina na busca e na construção de indicadores estruturados e confiáveis. Como em qualquer atividade, dados interpretados e analisados constituem informações que geram o conhecimento necessário à aplicação dos indicadores na melhoria contínua dos processos. Esta lógica empregada à saúde representa um avanço de qualidade na assistência, quando, partindo dos casos individuais, se produz conhecimento aplicável e reprodutível a outros indivíduos ou grupos que necessitem da mesma assistência.

---

[2] Disponível em: <www.brasil.gov.br>. Acesso em: 14 nov. 2013.

[3] Disponível em: <www.cnes.datasus.gov.br>. Acesso em: 14 nov. 2013.

6.2 Processos hospitalares e auditoria

É inerente à prática da auditoria em saúde, e, em particular, à auditoria hospitalar, que o hospital seja visto como uma empresa prestadora de serviços. Que serviços resultam dos processos que ocorrem dentro de uma organização denominada hospital? A resposta breve é: serviços de saúde! Mas que serviços são estes? A resposta será composta por uma gama muito variada de serviços possíveis, que se relacionam fundamentalmente ao porte do hospital, às necessidades e ofertas possíveis para a população que o utiliza e às formas de financiamento que lhe dão sustentabilidade empresarial.

Para poder atender a saúde dos que o procuram, o hospital precisa ser uma empresa saudável. Ao entendê-lo como tal, há que se olhar para a sua *estrutura*, para os *processos* que ali ocorrem e para os *resultados* produzidos pela eficiência desses dois conjuntos de elementos, como proposto por Donabedian, Porter & Teisberg, Burmester, entre outros[4].

Como organização empresarial, salvo se o motivo do nascimento da instituição já encerrar um prazo definido para finalizar as suas atividades, um hospital terá cumprido as etapas naturais do nascimento, do desenvolvimento, do crescimento, da maturidade e, especialmente, do cuidado em se manter longevo. Entretanto, sabemos que, em saúde, as organizações não nascem com obsolescência planejada, mas que o fechamento de empresas de saúde ocorre fundamentalmente por má gestão ou financiamento inadequado. O auditor em saúde pode colaborar na gestão por meio das constatações de falhas nos processos ou na produção de informações relevantes para a gestão da instituição.

Para o auditor e para a gestão hospitalar, é fundamental a visão compartilhada de um relacionamento duradouro e de um objetivo comum, que possibilitem o uso adequado dos recursos da organização e projetem bons resultados pelos serviços prestados.

Nesse diapasão, é de capital importância compreender que o hospital, independente da forma como se financia, tenha seus custos pagos, com sobra ou lucro que lhe permita atualizar seus recursos, a fim de que a oferta dos serviços possa ser constantemente modernizada e os usuários/pacientes tenham seus problemas de saúde convenientemente atendidos.

Novamente, reforçamos que o atual papel da auditoria em saúde é buscar a adequação dos recursos aos resultados pretendidos e obtidos, no que há forte convergência com os interesses dos prestadores de serviços dessa área.

Ao propor que a estrutura do hospital seja montada com foco nos resultados e mediante os vários processos nele executados, ressaltamos a importância de se compreender que há processos diretamente ligados a esses resultados e outros que lhes servem de apoio.

[4] PORTER e TEISBERG, 2007.

O Quadro 6.1, a seguir, ilustra alguns desses processos e propõe uma distribuição destes para efeitos pedagógicos.

Quadro 6.1 Relações dos principais grupos de processos hospitalares e auditoria

Processos produtivos	Processos auxiliares	Processos administrativos
Relacionados diretamente ao objetivo da organização de saúde	Relacionados às atividades que dão suporte aos processos produtivos	Relacionados às atividades que dão suporte à operacionalização, à gestão e ao financiamento da organização
Ambulatório	Nutrição e dietética	Gestão de pessoas
Pediatria	Lavanderia	Faturamento
Clínica médica	Centrais de materiais	Contabilidade
Centro cirúrgico	Limpeza e higiene	Setor de compras
Maternidade	Farmácia hospitalar	Diretoria e coordenações
Serviços diagnósticos	Manutenção de equipamentos	
Unidades de terapia intensiva	Tecnologia de informação	
Auditoria em saúde	**Auditoria em saúde**	**Auditoria em saúde**

Situamos a auditoria em saúde em todos os grupos de processos por entendermos que as atividades desenvolvidas pelos auditores podem tanto aumentar os processos de qualidade de produção em serviços de saúde como os apoiar na execução e, sobremaneira, na administração.

Considerando o Quadro 6.1, podemos dizer que, atualmente, em grande parte das organizações, a auditoria é colocada na terceira coluna de processos, mas, com o aumento do grau de conhecimento e de orientação adequada, a tendência é que ela se desloque progressivamente para a primeira coluna, uma vez que o conhecimento do auditor é fundamental para os serviços produtivos, seja produzindo informações, seja auxiliando a equipe a traçar planos de cuidados compatíveis com a capacidade da organização e com os recursos disponíveis.

No Quadro 6.1, podemos perceber a variada gama de atividades que compõe os processos e inferir que, ao buscar qualidade e resultado em saúde, há uma relação quase infinita de prováveis riscos, os quais podem estar associados a cada um dos processos que podem culminar em maus resultados, com consequente sofrimento e padecimento para quem os recebe. Eis um foco importante da auditoria hospitalar, qual seja, avaliar a gestão de riscos, tanto na proposição de identificação como na de melhorias contínuas nos processos de assistência.

Várias metodologias buscam analisar e compor processos de melhoria, que estão ou deveriam estar no planejamento da instituição hospitalar, com o comprometimento obrigatório de todos os envolvidos, sendo inerentes ao processo de gestão e, em especial, aos chamados processos de acreditação. A ausência da gestão de riscos ou de processos, bem como sua prática de forma desorganizada, induz a falhas na assistência, constituindo motivo frequente de complicações e objeto de auditoria[5].

Também é importante lembrar que a prestação de serviços do hospital não é entregue somente aos pacientes, mas também aos profissionais de saúde e fornecedores de insumos, entre outros.

É comum a comparação entre hospital e hotel. A hotelaria é uma parte do serviço hospitalar. A complexidade deste cuidado exige, por exemplo, que a instituição disponha de gases medicinais, dê tratamento adequado aos resíduos, estabeleça a admissão controlada de insumos e materiais que serão utilizados no atendimento e, ainda, libere pacientes tratados e, eventualmente, cadáveres ou peças cirúrgicas que necessitam de destino diverso dos hóspedes que fazem *check out* nos hotéis.

A variabilidade dos processos de assistência à saúde nos hospitais conduz à necessidade de uma organização compatível com um grande número de variáveis que precisam ser adequadamente previstas, a fim de que o resultado do serviço não implique dano ou mau resultado.

Como em toda empresa, é fundamental que o serviço prestado seja corretamente remunerado, que seus custos sejam cobertos e que haja a possibilidade de lucro, a fim de estimular a empresa para o reinvestimento em melhorias, especialmente em tecnologia que represente efetivo avanço nas condições de atendimento, principalmente nos quesitos resolubilidade, segurança e conforto ofertados aos pacientes.

Auditores em saúde devem ter claro esse ponto, pois a busca do lucro não pode ser vista como desconfiança de que o prestador hospitalar pratica ações impróprias, visando unicamente fins comerciais, pensamento este que existe em muitos serviços de auditoria em saúde.

Para tanto, os critérios adotados pela auditoria devem estar voltados à boa assistência e à correta adequação dos recursos despendidos nessa assistência.

Discutiremos, nos próximos capítulos, alguns grupos de processos em que o auditor em saúde deve conhecer e nos quais pode – e deve – atuar.

---

[5] Ver Capítulo 3, itens 3.2.7. e 3.3.

7 Auditoria hospitalar prospectiva

7.1 Credenciamento e contratação

Antes de tudo, o auditor em saúde deve conhecer as habilitações e a capacidade física e técnica do hospital, bem como seu contrato, suas tabelas e seus equipamentos, além de suas taxas e diárias, preferencialmente participando da avaliação prestador antes da contratação.

São ferramentas fundamentais para a primeira fase de acordos de trabalho:

- Conhecimento da legislação aplicável ao hospital.
- Bases contratuais entre a fonte pagadora e o hospital: serviços contratados, de recursos e serviços ofertados, com especificação de suas complexidades.
- Fontes de custeio do hospital.
- Ações voltadas a qualidade.

A contratação deve definir claramente:

- Aspectos legais previstos na legislação: portaria federal, estadual ou municipal que determinaram o credenciamento, se o financiamento for público, e definições das resoluções normativas da ANS, se o financiamento for suplementar, e, em especial, a RDC n. 50, já citada.

- Serviços cobertos e descrição detalhada de seus componentes.
- Valores agregados e qualidade do atendimento vinculados a indicadores de resultado.
- Tabelas de preços compatíveis com o mercado.
- Períodos de reajuste conciliáveis com o mercado e, de preferência, condicionados à qualidade do atendimento (custo-efetividade).
- Processos de auditoria em saúde: forma e execução.

Podem ser estabelecidos os seguintes acordos contratuais:

- Qualificação dos prestadores para o modelo de remuneração diferenciada.
- Determinação, em conjunto, de indicadores para avaliação de performance dos prestadores (remuneração diferenciada).
- Negociação de pacotes (representantes da fonte de financiamento + representantes do hospital).
- Busca de diminuição dos índices de internação e de permanência desnecessárias por meio de auditoria concorrente estruturada com conciliação de grupo técnico.
- Estudo técnico conjunto para a implantação de processos de melhoria da assistência.

A contratação da rede privada para atendimento ao SUS obedece aos princípios expressos na Constituição Federal, conforme art. 199, e também à Lei Complementar n. 8080/90, estando a contratação final vinculada à Lei n. 8666/93, que regula os processos de licitação.

A finalidade desses contratos é estabelecer as responsabilidades das partes, legitimar a transferência de recursos públicos para entidades privadas, definir mecanismos de subordinação do processo de contratação às diretrizes das políticas de saúde no âmbito do SUS e utilizar os contratos como instrumentos de regulação e de avaliação dos resultados na prestação de serviços[1]. Com isso, se espera induzir a melhoria na qualidade dos serviços e dar maior garantia aos direitos dos usuários.

No âmbito da saúde suplementar, os hospitais contratados ou credenciados para atendimento devem estar atentos a outros aspectos da legislação, como os que citamos a seguir:

[1] BRASIL, Ministério da Saúde. Departamento de Regulação, Avaliação e Controle de Sistemas. Departamento Nacional de Auditoria do SUS. Série *Normas e manuais técnicos*. Brasília: Ministério da Saúde, 2006.

Contratação – ANS – Lei n. 9656/98 (arts. 17 e 18)

Art. 17. *A inclusão como contratados, referenciados ou credenciados dos produtos de que tratam* o inc. I° e o §1° do art. 1° desta Lei, de qualquer entidade hospitalar, implica compromisso para com os consumidores quanto à sua manutenção ao longo da vigência dos contratos.

§ 1° É facultada a substituição de entidade hospitalar, a que se refere o *caput* deste artigo, desde que por outro equivalente e mediante comunicação aos consumidores e à ANS com trinta dias de antecedência, ressalvados desse prazo mínimo os casos decorrentes de rescisão por fraude ou infração das normas sanitárias e fiscais em vigor.

[...]

§4° Em caso de redimensionamento da rede hospitalar por redução, as empresas deverão solicitar à ANS.

Art. 18. *A aceitação, por parte de qualquer prestador de serviço ou profissional de saúde, da condição* de contratado, credenciado ou cooperado de uma operadora de produtos de que tratam o inc. I° e o §1° do art. 1° desta Lei, implicará as seguintes obrigações e direitos:

I – o consumidor de determinada operadora, em nenhuma hipótese e sob nenhum pretexto ou alegação, pode ser *discriminado ou atendido de forma distinta* daquela dispensada aos clientes vinculados a outra operadora ou plano;

II – *a marcação de consultas, exames e quaisquer outros procedimentos deve ser feita de forma a atender às necessidades dos consumidores, privilegiando os casos de emergência ou urgência*, assim como as pessoas com mais de sessenta e cinco anos de idade, as gestantes, lactantes, lactentes e crianças até cinco anos;

III – a manutenção de relacionamento de contratação, credenciamento ou referenciamento com número ilimitado de operadoras, sendo expressamente vedado às operadoras, independente de sua natureza jurídica constitutiva, impor contratos de exclusividade ou de restrição à atividade profissional.

Parágrafo único. A partir de 3 de dezembro de 1999, os prestadores de serviço ou profissionais de saúde não poderão manter contrato, credenciamento ou referenciamento com operadoras que não tiverem registros para funcionamento e comercialização conforme previsto nesta Lei, sob pena de responsabilidade por atividade irregular.

A ANS também publicou diversas resoluções normativas que disciplinam o relacionamento dos hospitais com as fontes pagadoras, entre as quais citamos:

> Resolução Normativa n. 42, de 4 de julho de 2003: Estabelece os requisitos para a celebração dos instrumentos Jurídicos firmados entre as *operadoras de planos de assistência à saúde e prestadores de serviços hospitalares.*
>
> Alterada pela RN n. 60, de 2003:
>
> Art. 3. *As operadoras, juntamente às entidades hospitalares, deverão proceder à revisão de seus instrumentos jurídicos atualmente em vigor, a fim de adaptá-los ao disposto nesta Resolução Normativa, até 30 de abril de 2004. (Redação dada pela RN n. 60, de 2003).*
>
> Alterada pela RN n. 286 – fev/2012:
>
> Art. 2º [...] Previsão de que *inexistindo vaga na acomodação contratada pelo consumidor, o ônus adicional da internação do mesmo em acomodação superior*, conforme determina o art. 33 da Lei n. 9.656 de 1998, *será da operadora de planos privados de assistência à saúde.*

Destacamos ainda a RN n. 44, de 2003, que dispõe sobre a proibição da exigência de caução, prática esta que, mesmo legalmente proibida desde então, era comum até recentemente.

> Resolução Normativa n. 44, de 24 de julho de 2003: Dispõe sobre a *proibição da exigência de caução* por parte dos prestadores de serviços contratados, credenciados, cooperados ou referenciados das operadoras de planos de assistência à saúde.

Há também a RN n. 54, com teor semelhante à RN n. 42, anteriormente referida, que estabelece mecanismos de relacionamento para serviços auxiliares de diagnóstico, de terapia e também para clínicas ambulatoriais, bem como a RN n. 71, voltada ao convívio com profissionais de saúde ou pessoas jurídicas que prestam serviços em consultórios, todas com conteúdos normativos semelhantes.

Dessas resoluções, enfatizaremos alguns artigos que se relacionam diretamente com o processo de auditoria, as quais italizamos para melhor visualização:

> Art. 2. *Os instrumentos jurídicos de que trata esta Resolução Normativa devem estabelecer com clareza* e precisão as condições para a sua execução, expressas em cláusulas que definam os direitos, obrigações e responsabilidades das partes, aplicando-se-lhes os princípios da teoria geral dos contratos, no que couber.

Parágrafo único. São cláusulas obrigatórias em todo instrumento jurídico as que estabeleçam:

I – qualificação específica:

a) registro da operadora na ANS; e

b) registro da entidade hospitalar no *Cadastro Nacional de Estabelecimentos de Saúde*; [...]

II – objeto e natureza do ajuste com a descrição de todos os serviços contratados, contendo:

a) definição detalhada do objeto;

b) *perfil assistencial e especialidade contratada, serviços contratados, inclusive o Apoio ao Diagnóstico e Terapia*;

c) procedimento para o qual a entidade hospitalar é indicada, quando a prestação do serviço não for integral;

d) regime de atendimento oferecido pela entidade: hospitalar, ambulatorial, médico-hospitalar e urgência 24 h; e

III – prazos e procedimentos para faturamento e pagamento dos serviços contratados com:

a) definição de prazos e procedimentos para faturamento e pagamento do serviço prestado;

b) *definição dos valores dos serviços contratados e insumos utilizados*;

c) *rotina para auditoria técnica e administrativa, quando houver*;

d) rotina para habilitação do beneficiário junto à entidade hospitalar; e

e) *atos ou eventos médico-odontológicos, clínicos ou cirúrgicos que necessitam de autorização administrativa da operadora.*

IV – vigência dos instrumentos jurídicos:

a) prazo de início e de duração do acordado; e

b) regras para prorrogação ou renovação.

V – critérios e procedimentos para rescisão ou não renovação, com vistas ao atendimento do disposto no art. 17 da Lei n. 9.656, de 1998, em especial:

[...]

b) a identificação por parte da entidade hospitalar dos pacientes em tratamento continuado, pré-natal, pré-operatório ou que necessitam de atenção especial.

VI – informação da produção assistencial, com a obrigação da entidade hospitalar disponibilizar às operadoras contratantes os dados assistenciais dos atendimentos prestados aos beneficiários, observadas as questões éticas e o sigilo profissional, quando requisitados pela ANS, em atendimento ao disposto no inc. XXXI do art. 4º da Lei n. 9.961, de 2000; e [...]

Analisando as resoluções citadas, especialmente os itens destacados em itálico, observamos que existe a obrigatoriedade de o hospital se registrar no Cadastro Nacional de Estabelecimentos de Saúde, que pode ser consultado publicamente, facilitando o trabalho da auditoria. Tal consulta informa as habilitações do prestador, definindo quais recursos são de responsabilidade do hospital credenciado e quais precisam ser disponibilizados adicionalmente pela fonte pagadora para que os procedimentos necessários sejam executados.

7.2 Objetivos e atividades da auditoria hospitalar prospectiva

Tradicionalmente, a auditoria hospitalar prospectiva lida com o processo de liberação de procedimentos, como referido no Capítulo 3, enquanto a retrospectiva se volta à análise das contas geradas pelos processos da assistência, tanto no nível ambulatorial como nos internamentos.

O foco dessas auditorias costuma provocar dissabores a quem será submetido a procedimentos e aos prestadores, uma vez que na prospectiva as análises de liberação podem postergar o agendamento de cirurgia ou de exames, causando lacunas nas agendas dos prestadores e aumentando a insatisfação dos usuários dos serviços, e na retrospectiva, após o consumo de determinados produtos ou serviços, pode ocorrer glosas e discussões por entendimento ou registros inadequados, por exemplo.

Propomos a seguir que sejam revertidos os processos tradicionais, hoje largamente utilizados, de auditoria retrospectiva para os procedimentos de auditoria prospectiva com a seguinte meta: *estabelecer padrões técnicos, acordos e indicadores de qualidade que permitam ajustar o pagamento dos serviços antes da sua execução*. Assim, ao entender que certo procedimento está corretamente proposto a determinado paciente, todos os ajustes administrativos acontecem previamente, a fim de que o serviço seja executado com o foco na qualidade de sua prestação.

A auditoria prospectiva, voltada ao atendimento hospitalar, deve definir:

1. Procedimentos que necessitam de autorização prévia da fonte de financiamento e de aprovação por mídias diversas e perícias.
2. Acordos de trabalho e de relacionamento entre a auditoria própria do hospital, se houver, e a da fonte de financiamento.

3) Protocolos para a definição de itens que deverão fazer parte do faturamento:
   a) definição da diária, seus componentes e critérios de avaliação;
   b) definição de taxas relativas a serviços de saúde em geral, como injeções, aplicações de quimioterápicos, uso de salas ambulatoriais, atendimentos em pronto socorro ou pronto atendimento;
   c) ajustes de tabelas de pagamentos com acordos do tipo pacotes e procedimentos gerenciados;
   d) acordos para uso de materiais, especialmente os implantáveis.
4) Protocolos de rotinas de procedimentos em cada setor, com discussão prévia de protocolo de uso de medicamentos padronizados, bem como sistemática de discussão para a revisão desses protocolos.
5) Critérios de avaliação de qualidade em todos os setores.

Exemplificaremos, a seguir, cada um dos cinco itens relacionados.

7.2.1 Procedimentos que necessitam de autorização prévia da fonte de financiamento

Os procedimentos que necessitam de autorização prévia deverão estar especificados na relação contratual, em lista descritiva, o que certamente diminuirá a possibilidade de conflitos entre auditoria e prestador.

Importante lembrar que as situações de atendimento a casos de urgência e emergência não podem aguardar processos de auditoria prospectiva, ou depender deles, sob pena de se agravarem os quadros clínicos diagnosticados e também por haver previsão legal para este atendimento (Lei n. 9656/1998 e Consu n. 8). Por esse motivo, deve haver um acordo claro para os momentos em que o contato com a auditoria prospectiva ou de liberação esteja prejudicado (fins de semana, feriados, horários noturnos e impossibilidades de atendimento por causas fortuitas). O recomendável é que, dependendo do volume de ocorrências, seja analisada a possibilidade de um serviço de liberação no período integral de atendimento do hospital ou que se busquem acordos de liberação automática.

Legalmente, tanto a legislação pública (conceito de "vaga zero") como a privada (Lei n. 9656) determinam o atendimento a urgências e emergências.

A alternativa, como já dito, é definir acordos específicos.

Com frequência, são considerados como de liberação prévia ao atendimento:

- Procedimentos eletivos, especialmente os cirúrgicos e exames diagnósticos disponibilizados pelo hospital, quando estes não caracterizarem atendimento de urgência e/ou emergência.

- Procedimentos que envolvam o uso de materiais implantáveis, como órteses, próteses e materiais especiais.
- Procedimentos que envolvam custos elevados, relacionados ou não a métodos cirúrgicos dos itens anteriores ou a tratamentos oncológicos.
- Procedimentos que não tiverem cobertura de planos ou seguros de saúde, como estéticos ou experimentais, de acordo com o art. 10 da Lei n. 9656.
- Procedimentos para os quais não conste habilitação específica do prestador.

Alguns indicadores funcionam como sinais de alerta para auditoria prospectiva:

- Frequência elevada de urgências e emergências, especialmente com utilização de itens de alto custo.
- Quantidade de pacientes que sofrem complicações do quadro inicial de internamento.
- Quantidade de pacientes que sofrem reinternações em curto espaço de tempo.
- Solicitações frequentes para a prorrogação de internamentos de baixa complexidade.
- Solicitação inicial de permanência alta para internamento, desproporcional à média prevista para a doença que o tiver motivado.
- Internamento com diagnósticos vagos ou inespecíficos.
- Internamento de paciente portador de doenças crônicas sem sinais claros de agudização do problema.

7.2.2 Acordos de trabalho e de relacionamento entre a auditoria do hospital, se houver, e a da fonte de financiamento

Do ponto de vista funcional, devem estar ajustados:

- Horários de visita do auditor.
- Metodologia utilizada para os processos de auditoria.
- Necessidade ou não de espaço físico para a execução das ações da auditoria.
- Definição do local e dos procedimentos que serão auditados.
- Descrição do modo de acesso aos documentos necessários; se presencial, à distancia, diretamente no sistema de gerenciamento ou análise em papel, entre outros.
- Forma de comunicação dos pareceres e relatórios da auditoria e destinatários destes.

Do ponto de vista do processo de auditoria, é importante ressaltar que as informações levantadas podem representar pontos de melhoria do prestador. Portanto, é fundamental que tais dados sejam levados ao conhecimento do diretor técnico, a fim de que possam ser adotadas ações para melhorar o processo continuamente.

7.2.3 Protocolos para a definição de itens que farão parte do faturamento: diárias, taxas, pacotes, procedimentos gerenciados, materiais

Para melhor compreensão, há necessidade de se definirem alguns itens que comumente compõem o faturamento do hospital, conforme a RDC n. 50:

Internação – admissão de um paciente para ocupar um leito hospitalar, por um período igual ou maior que 24 horas.

Internação – unidade destinada à acomodação e assistência do paciente internado.

Leito de observação ou auxiliar – leito destinado a acomodar os pacientes que necessitem ficar sob supervisão médica e ou de enfermagem para fins de diagnóstico ou terapêutica durante um período inferior a 24 horas.

Leito hospitalar – cama destinada à internação de um paciente no hospital. (Não considerar como leito hospitalar os leitos de observação e os da Unidade de Terapia Intensiva).

Definição da diária: seus componentes e critérios de avaliação

Embora o valor de uma diária esteja relacionado à ocupação do leito normal, é fundamental entender que a diária hospitalar deva remunerar seus principais componentes de custo, conforme já referido.

Relacionamos, a seguir, alguns exemplos de diárias e de taxas[2] e seus vários componentes, os quais podem ser ajustados previamente como padrão e adaptados a cada realidade.

Apartamento Standard. Aposento individual, com banheiro privativo e acomodação para acompanhante.

---

[2] Material elaborado pelo Colégio Nacional de Auditores e Colégio Nacional de Enfermeiros Auditores da Unimed Brasil, parcialmente modificado pelo autor.

Composição:

- Instalações físicas (quarto, banheiro privativo, ambientes de apoio).
- Leito próprio (comum ou especial).
- Roupa de cama e banho para paciente e acompanhante.
- Colchão d'água e/ou de ar, se necessário.
- Mobiliário de apoio, como poltronas, mesas para alimentação no leito, entre outros.
- Toalhas e acessórios de banho.
- Tração esquelética, se necessário.

Serviços incluídos:

- Cuidados de enfermagem.
- Limpeza e desinfecção ambiental.
- Administração de medicamentos, independentemente da via de aplicação.
- Preparo, instalação e manutenção de venóclise.
- Controle de sinais vitais e de diurese.
- Curativos, sondagens, aspirações e inalações, quando indicados.
- Mudanças de decúbito e apoio à locomoção do paciente.
- Preparo do paciente para procedimentos médicos (tricotomia, por exemplo).
- Cuidados e higiene pessoal do paciente.
- Preparo do corpo em caso de óbito.

Outros serviços:

- Transporte para a realização de exames complementares, como exames por imagem e patologia clínica, entre outros.
- Dieta para o paciente conforme prescrição médica, exceto dietas especiais, como as enterais, por sonda nasogástrica, gastrostomia, jejunostomia etc.
- Orientação nutricional na alta hospitalar.
- Apoio a atividades extraenfermagem, como fisioterapia e terapia ocupacional.
- Preenchimento de prontuários com evolução e mapas de dados vitais.
- Plantão clínico para intercorrências médicas.

A composição das diárias pode ser ajustada, com pequenas variações, para outras modalidades de acomodação, cujas definições, estabelecidas pela RDC n. 50, estão grafadas a seguir, acrescidas de observações em itálico:

Enfermaria. Ambiente destinado à internação de pacientes, dotado de banheiro anexo, com capacidade de três a seis leitos;

Quarto. Ambiente com banheiro anexo destinado à internação de pacientes, com capacidade para um ou dois leitos;

Alojamento conjunto. Modalidade de acomodação do recém-nascido normal em berço contíguo ao leito da mãe. *Observe que a mãe poderá estar em quarto ou enfermaria.*

Berçário. Ambiente destinado a alojar recém-nascidos. *Note que esta denominação ocorre quando não utilizado o alojamento conjunto, durante o período de internação da mãe, para períodos de observação justificados pelo pediatra.*

Berçário de cuidados intermediários. Ambiente hospitalar destinado à assistência ao recém-nascido enfermo e/ou prematuro, sem necessidade de cuidados intensivos e/ou aqueles que receberam alta da unidade de terapia intensiva neonatal.

Berçário de cuidados intensivos. Ambiente hospitalar destinado à assistência aos recém-nascidos que requeiram assistência médica, de enfermagem, laboratorial e radiológica ininterruptas.

> *Observação*: É corrente, em hospitais que atendem obstetrícia, a denominação **berçário patológico** para se referir à unidade destinada à acomodação de recém-nascidos que requeiram cuidados especiais durante o período de internação da mãe ou não, quando solicitado pelo pediatra. Para os berçários, muda o tipo de leito, que é representado por incubadoras, por exemplo.

Hospital-dia (regime de). Modalidade de assistência à saúde, cuja finalidade é a prestação de cuidados durante a realização de procedimentos diagnósticos e/ou terapêuticos, que requeiram a permanência do paciente na unidade por um período de até 24 horas. *Sua utilização está vinculada a procedimentos preestabelecidos, tais como: cirúrgicos, de média complexidade e risco, recuperações anestésicas de métodos diagnósticos ou terapêuticos, psiquiatria, complicações de transplantes, entre outros.*

Algumas diárias hospitalares têm especificações diversas, em razão da complexidade dos procedimentos e das doenças ali tratadas, como veremos a seguir:

Isolamento. Quarto destinado a internar pacientes suspeitos ou portadores de doenças transmissíveis ou proteger pacientes altamente suscetíveis (imunodeprimidos ou imunosuprimidos). *Os pacientes são assim internados por ordem médica ou* *da Comissão de Controle de Infecção Hospitalar (CCIH). Em geral, acrescenta-se uma "taxa de isolamento" ao valor da diária para fazer frente a custos adicionais, como barreiras físicas e químicas, além de materiais de limpeza e esterilização.*

Unidade de Terapia Intensiva (UTI) adulto. Acomodação com instalações para mais de um paciente para tratamento intensivo, com a presença de médico plantonista (24 horas) no local.

UTI neonatal/pediátrica. Acomodação com instalações para mais de um paciente (de 0 à 14 anos) para tratamento intensivo, com presença de médico plantonista (24 horas) no local.

Na composição de uma UTI, além dos componentes já referidos para as diárias comuns, incluem-se vários equipamentos, como:

- Monitor cardíaco.
- Oxímetro de pulso.
- Desfibrilador/cardioversor.
- Aspirador a vácuo.
- Bomba de infusão.
- Respirador.
- Marcapasso temporário.
- Tração esquelética e halo craniano, se indicados.

Para UTI de recém-nato ou pediátrica, acrescentem-se:

- Incubadora.
- Fototerapia.

Acomodação em hospital psiquiátrico. Aposento com banheiro anexo, destinado à internação de pacientes psiquiátricos, com capacidade para dois ou mais leitos.

Acompanhante. Algumas condições de internação admitem a presença de acompanhante, que deve ser pessoa adulta, parente do paciente internado ou por ele responsável. A exigência legal[3] é que sejam disponibilizadas as principais refeições e acomodação (não necessariamente cama) para acompanhar pacientes menores de 18 anos (art. 12 da Lei n. 8069/90 – Estatuto da Criança e Adolescente) e maiores de 60 anos (art. 16 da

[3] Disponível em: <www.idec.org.br/consultas/dicas-e-direitos/sus-conheca-os-seus-direitos> Acesso em: 15 fev. 2014.

Lei n. 10741/03 – Estatuto do Idoso) ou para incapazes. As parturientes também têm direito a acompanhante durante o trabalho de parto e pós-parto nos hospitais públicos e conveniados com o SUS, de acordo com a Lei n. 11.108/05.

Importante lembrar que tal acompanhamento está limitado a internações fora das unidades de terapia intensiva, do centro cirúrgico, em exames específicos, em hospitais psiquiátricos e em outras situações em que haja, a critério médico, recomendação técnica para a não permanência do acompanhante.

A presença do acompanhante é remunerada ao hospital, tanto pelo SUS como pela Saúde Suplementar.

Definição de taxas relativas a serviços de saúde em geral

- Taxas por serviços de saúde propriamente ditos: aplicação de medicamentos injetáveis e de quimioterápicos, entre outros.
- Taxas de localização: uso de salas ambulatoriais, atendimentos em pronto--socorro ou pronto atendimento, sala de cirurgia, obstetrícia, entre outras.
- Taxas administrativas: registro, prontuário etc.
- Taxas de uso de equipamentos.
- Taxas de gasoterapia: oxigênio, ar comprimido, vácuo, entre outros.
- Taxas financeiras: acordos por percentuais sobre serviços e produtos, multas por atraso, entre outros.

Em geral, as taxas referem-se à remuneração de um investimento feito pelo hospital para a adequada prestação de serviço. Em seu cálculo, deve-se levar em conta o investimento, ou seja, o valor de aquisição, o valor da depreciação, a vida útil (geralmente em meses) do objeto do investimento, o custo de sua manutenção, incluindo o seguro, que juntos formam o custo efetivo da taxa.

A unidade que esta taxa remunera deve ser ajustada conforme o respectivo uso: por cirurgia para equipamentos, por aplicação para medicações intramusculares ou endovenosas, por litros/minuto em gasoterapia, por registro para prontuários, por hora do uso de sala, e assim por diante.

A valorização de uma taxa de equipamento de videolaparoscopia, por exemplo, deverá ser estruturada por:

- Valor do equipamento completo e necessário para aquele uso.
- Tempo de depreciação do equipamento, em geral informado pelo fabricante, conforme seu uso (ex: o monitor tem × horas de vida útil).
- Valor da manutenção para o período definido.

- Valor do seguro.
- Outros valores envolvidos: financeiros como Taxa Interna de Retorno e administrativos como uso de espaço no centro cirúrgico.

A auditoria em saúde deve-se pautar pela adequação das taxas necessárias aos procedimentos. No exemplo dado, a auditoria em saúde definiria qual é efetivamente o equipamento necessário, sendo os demais itens discutidos sob o ponto de vista administrativo-financeiro.

Outro exemplo de atuação da auditoria em saúde: cabe oxigenioterapia em procedimento diagnóstico ambulatorial? A avaliação do auditor em saúde permitiria responder que sim, se o procedimento exigir sedação, mas que não está adequado para procedimentos simples de radiografia, por exemplo.

O estabelecimento das taxas ou portes de sala é feito pela avaliação dos recursos que serão utilizados para cada procedimento, tempo de duração dos cuidados, complexidade e risco deste, entre outros itens. As associações de hospitais e clínicas, bem como as de profissionais estabelecem tais classificações em tabelas próprias, que precisam ser discutidas entre o prestador de serviços e a fonte pagadora.

Exemplos de taxas hospitalares comuns:

Sala cirúrgica e/ou obstétrica.

Composição:

- Instalação física (sala e ambiente de apoio).
- Limpeza e desinfecção ambiental.
- Mesa operatória.
- Mesas auxiliares.
- Rouparia (permanente ou descartável), campos cirúrgicos e compressas – lavagem e esterilização.
- Assepsia e antissepsia (equipe e paciente), inclusive antissépticos.
- Iluminação (focos).
- Serviços de enfermagem do procedimento (administração de medicamentos por todas as vias, locomoção do paciente, controle de sinais vitais etc.).
- Respirador.
- Bomba de infusão.
- Monitor cardíaco.
- Aspirador elétrico ou a vácuo.
- Oxímetro de pulso.
- Cardioversor/desfibrilador.

- Aparelho de anestesia.
- Instrumental específico para cirurgia.
- Hamper.
- Cuidados de higiene do recém-nato.
- Mesa e acessórios para cuidados e/ou reanimação do RN.
- Bisturi elétrico.
- Bisturi a laser.
- Capnógrafo.
- Dermátomo elétrico.
- Desfibrilador.
- Halo craniano.
- Lipoaspirador.
- Lupa cirúrgica.
- Marcapasso temporário.
- Microscópio cirúrgico.
- Respirador artificial.
- Serra elétrica.
- Trépano elétrico.
- Oxicapnógrafo.

Sala de recuperação pós-anestésica. Ambiente destinado à prestação de cuidados pós-anestésicos e/ou pós-operatórios imediatos a paciente vindo das salas de cirurgia.

Composição:

- Instalações físicas (sala para recuperação com instrumental de apoio).
- Limpeza e desinfecção ambiental.
- Leito para recuperação.
- Oxímetro de pulso.
- Monitor cardíaco.
- Disponibilização de materiais e medicamentos para o atendimento.
- Serviços de enfermagem do procedimento.

Sala ambulatorial I (observação). Ambiente destinado ao atendimento de pacientes em regime ambulatorial e à administração de medicamentos que necessitem de até 6 horas de observação.

Composição:

- Instalações físicas (sala para atendimento indiferenciado e ambientes de apoio).
- Serviços de enfermagem do procedimento.
- Limpeza e desinfecção ambiental.
- Leito para observação.
- Rouparia (permanente ou descartável).

Sala ambulatorial II (pequenos procedimentos cirúrgicos). Ambiente destinado ao atendimento de pacientes em regime ambulatorial para pequenos procedimentos cirúrgicos, que dispensem a presença do anestesista.

Composição:

- Instalações físicas (sala para atendimento indiferenciado e ambientes de apoio).
- Serviços de enfermagem do procedimento.
- Limpeza e desinfecção ambiental.
- Mesa para atendimento.
- Rouparia (permanente ou descartável).
- Instrumental básico.

Sala ambulatorial III (gesso). Ambiente destinado ao atendimento de pacientes em regime ambulatorial, para a colocação ou a retirada de gesso.

Composição:

- Instalações físicas (sala, comando e componentes, ambientes de apoio).
- Serviços de enfermagem do procedimento.
- Limpeza e desinfecção ambiental.
- Mesa para atendimento.
- Serra para a retirada de gesso.

Sala de hemodinâmica. Ambiente destinado ao atendimento de pacientes para a realização de exames invasivos, como cateterismo cardíaco e outros.

Composição:

- Instalações físicas (sala, comando e componentes, ambientes de apoio).
- Limpeza e desinfecção ambiental.

- Assepsia e antissepsia da equipe e do paciente.
- Rouparia (permanente ou descartável), lavagem e esterilização.
- Mesas auxiliares.
- Iluminação (foco de teto e auxiliares).
- Instrumental apropriado para procedimento.
- Desfibrilador/cardioversor.
- Aspirador à vácuo e/ou elétrico.
- Polígrafo (com monitoramento).
- Serviços de enfermagem do procedimento.
- Serviços técnicos de radiologia.
- Equipamento radiológico adequado.

Ajustes de tabelas de pagamentos com acordos, tais como pacotes e procedimentos gerenciados

O ajuste de pagamentos na forma de pacotes e de procedimentos gerenciados traz benefícios administrativos para o prestador e para a fonte de financiamento.

Para a auditoria em saúde, quando estruturado um pacote com composição técnica adequada e posteriormente submetido à precificação, obtém-se um produto que facilitará tanto o processo de liberação como a auditoria retrospectiva.

Na composição de um pacote, deve-se buscar agregar todos os itens que sejam obrigatórios para a execução de um determinado procedimento, acrescendo-os de eventuais taxas e usos. Honorários profissionais podem ou não ser incluídos, mas, em geral, faz-se a composição de um pacote referente ao custo hospitalar e de outro, relativo aos honorários dos profissionais envolvidos, em especial de equipes cirúrgicas.

Para a determinação da composição, deve-se recorrer à série histórica de utilização dos itens necessários ao procedimento, a fim de estabelecer a frequência e a quantidade de uso destes. É recomendável um tratamento estatístico dos dados.

Feito esse levantamento, é preciso avaliar o resultado e confirmar ou não a composição média, para, então, precificar o pacote e discuti-lo com o prestador e a fonte de financiamento para o acordo de uso.

Recomenda-se estabelecer parâmetros de utilização, como controle e indicadores de qualidade para avaliação do procedimento, a fim de que sejam feitos os reajustes adequados quando houver aumento significativo do valor dos insumos no mercado.

Como exemplo, analisaremos, a partir da Tabela 7.1, a montagem de um pacote para o procedimento de endoscopia digestiva alta sob anestesia, que envolve vários itens.

Tabela 7.1 Modelo de composição de pacote

	Pacote procedimento
Código(s) procedimento(s)	XYZ
Código(s) pacote(s)	XXXXXX
Procedimento	Endoscopia digestiva alta
Nome do pacote	Endoscopia digestiva alta com anestesia
Prestador	
Catalogado em	Procedimentos diagnósticos e terapêuticos/endoscópicos

Código	Taxas		Unidade	Qtde	Valor unitário	Valor total
	Oxigênio		Hora	1		
	Sala de endoscopia		Uso	1		
	Videoscopia diagnóstica		Uso	1		
	Taxa esterilização (pinça para biópsia)		Uso	1		
	Urease, teste rápido para *Helicobacter Pylori*		Uso	1		
					Total	**R$ __**

Código	Materiais de sala	Fabricante	Unidade	Qtde	Valor unitário	Valor total
	Agulha descartável 40 × 12		und.			
	Catéter p/ oxigênio tipo óculos		und.			
	Compressa gaze 7,5 × 7,5 cm (Íris)		und.			
	Equipo macrogotas		und.			
	Impressão de imagem		Pose			
	Fita hipoalergênica		cm			
	Luva plástica descartável transparente/estéril		und.			
	Scalp 19 g		und.			
	Seringa descartável 10 ml s/ag.		und.			
	Seringa descartável 20 ml s/ag.		und.			
					Total	**R$ __**

Código	Medicamentos de sala	Fabricante	Unidade	Qtde	Valor unitário	Valor total
	Água para injeção – 10 ml		amp.			
	Dimeticone – x gts.		gt.			
	Agente anestésico – x mg/ml/ml		amp.			
	Soro fisiológico – 0,9%/125 ml		frs.			
	Anestésico tópico *spray*		ml.			
					Total	**R$ __**

Valor total – taxas	**R$ __**
Valor total – materiais	**R$ __**
Valor total – medicamentos	**R$ __**
Valor total do pacote	**R$ __**

Fonte: Adaptação de pacote da Sobed – PR.

Assim como foi demonstrada a possibilidade de composição de pacote com um procedimento diagnóstico, podem-se elaborar pacotes para os chamados procedimentos de alta previsibilidade, como os cirúrgicos eletivos.

Como proposta, a auditoria analítica pode estudar os procedimentos mais frequentes e aplicar a metodologia do estudo da série histórica, a estatística e a avaliação da auditoria em saúde para este grupo de procedimentos, determinando parâmetros de valores e frequências de itens que permitam não só a composição de vários pacotes, mas também a especificação de valores e quantidades que representem estatisticamente o valor global de cada procedimento. A diferença dessa parametrização, também chamada *gabarito*, é que se considera o valor total, independentemente dos grupos internos que possui.

Assim, o parto cirúrgico tem um valor global de X, a herniorrafia inguinal custa Y, e assim por diante.

Se a fonte de dados e a análise dela decorrente forem fidedignas ao que se observa na prática da auditoria retrospectiva, pode-se criar um filtro por grupo de custos. Por exemplo: divide-se a análise em diárias e taxas, grupo de materiais, de medicamentos e honorários, por exemplo, observando-se a partir daí, quando da auditoria retrospectiva, somente os grupos que foram discrepantes dos parâmetros preestabelecidos.

O refinamento desse processo é a parametrização do que caracteriza o padrão de consumo dos componentes de custo para cada procedimento; esta, que deve ser automatizada no sistema informatizado de gestão ou de auditoria, permite selecionar para análise somente as variações discrepantes. A auditoria focará, então, apenas os casos sinalizados por essa metodologia de parâmetros, utilizando seu conhecimento em saúde para, na análise da conta, entender o que efetivamente variou no cuidado àquele atendimento.

Pode-se também, como discutido no Capítulo 5, estabelecer um orçamento global como sistema de pagamentos entre o hospital e a fonte de financiamento, ou seja, o hospital recebe um valor fixo por período, que pode ser mensal, semestral ou anual, para realizar a quantidade de procedimentos que historicamente já fazia.

Nessas condições, a auditoria participa como poderosa fonte de informação e de análise. Quando se implanta a sistemática de pagamento por meio desses mecanismos simplificadores, em comparação com a sistemática tradicional avaliação de contas hospitalares, observamos que a auditoria, tanto interna como externa ao hospital, se concentra na análise da qualidade da assistência e não na quantidade do faturamento.

A publicação feita pela ANS, em 2012[4], denominada "Sistemática de Remuneração dos hospitais que atuam na saúde suplementar: procedimentos gerenciados", mostra uma proposta construída conjuntamente entre ANS, OPS, Federações de Hospitais e Santas Casas, Conselho Nacional de Saúde e representantes de profissionais, para que se caminhe na direção dos chamados procedimentos gerenciados, cuja base é a proposta de remuneração global por diagnóstico, acrescidos de protocolos médicos

[4] Disponível em: <www.ans.gov.br/a-ans/sala-de-noticias-ans/a-ans/1860--novo-modelo-para-remuneracao-de-hospitais>. Acesso em: 14 nov. 2013.

bem claros, tanto para a definição do diagnóstico como para a proposta de tratamento, incluindo as possíveis complicações mais frequentes destes.

Essa metodologia permite simplificar o processo de remuneração, em especial para os chamados procedimentos de alta previsibilidade, como os cirúrgicos eletivos. Com o uso adequado de padronização e de indicadores de resultados, trata-se de um modelo de sistema pagamento que se aproxima do ideal.

Conforme a ANS: O pagamento por meio de procedimentos gerenciados é uma forma de estabelecer um preço global para concentrar itens que compõem o procedimento, agilizando e racionalizando a operacionalização da cobrança e do pagamento, com a presunção de benefícios para quem cobra e para quem paga. O procedimento gerenciado difere-se da prática conhecida pelo setor de pagamento por pacotes. Nesta última, há um predomínio da precificação dos serviços em função dos valores financeiros médios das contas, enquanto no procedimento gerenciado a base está fundamentada em protocolos, diretrizes clínicas e consenso dos especialistas que compõem o corpo clínico do hospital. Somente então são apurados os custos e precificados os serviços que serão negociados com as operadoras. Ou seja, o pacote considera a média dos preços praticados, independente da base técnica que fundamenta o procedimento, ao passo que o procedimento gerenciado considera primeiro a fundamentação técnica, apura os custos relacionados e calcula o preço.

Procedimento gerenciado é o conjunto de ações assistenciais e administrativas necessárias e suficientes para a realização integral de procedimentos cirúrgicos, contemplando recursos humanos, instalações físicas, equipamentos, instrumentos e materiais de insumo, inerentes ao processo assistencial[5].

A proposta segue a linha do que é praticado hoje na remuneração do SUS, em que esta é previamente ajustada para os procedimentos executados, o que, em ambos os casos, traz as seguintes vantagens:

- Previsibilidade de custos.
- Racionalização de recursos.
- Envolvimento dos fornecedores de insumos.
- Participação e contribuição das equipes médicas.
- Busca de qualidade e resultados nos serviços prestados.
- Segurança assistencial do paciente.

[5] Disponível em: <www.ans.gov.br/a-ans/sala-de-noticias-ans/a-ans/1860--novo-modelo-para-remuneracao-de-hospitais>. Acesso em: 14 nov. 2013.

- Reconhecimento dos resultados e da qualidade dos prestadores de serviços.
- Agilidade das autorizações, faturamento e cobrança pelo prestador.
- Diminuição das divergências e dos conflitos de auditoria que passam a ser sobre a pertinência do procedimento, da análise de risco do paciente e da necessidade de saída do procedimento gerenciado ou não.
- A discussão prévia sobre a inclusão de novas tecnologias, medicamentos e materiais.
- Manutenção do equilíbrio econômico-financeiro com revisões sistemáticas prévias e periódicas dos procedimentos gerenciados, contemplando critérios de reajustes, os quais devem ser livremente negociados entre as partes (critérios *versus* livre negociação).

Figura 7.1 Procedimentos gerenciados e conta aberta aprimorada

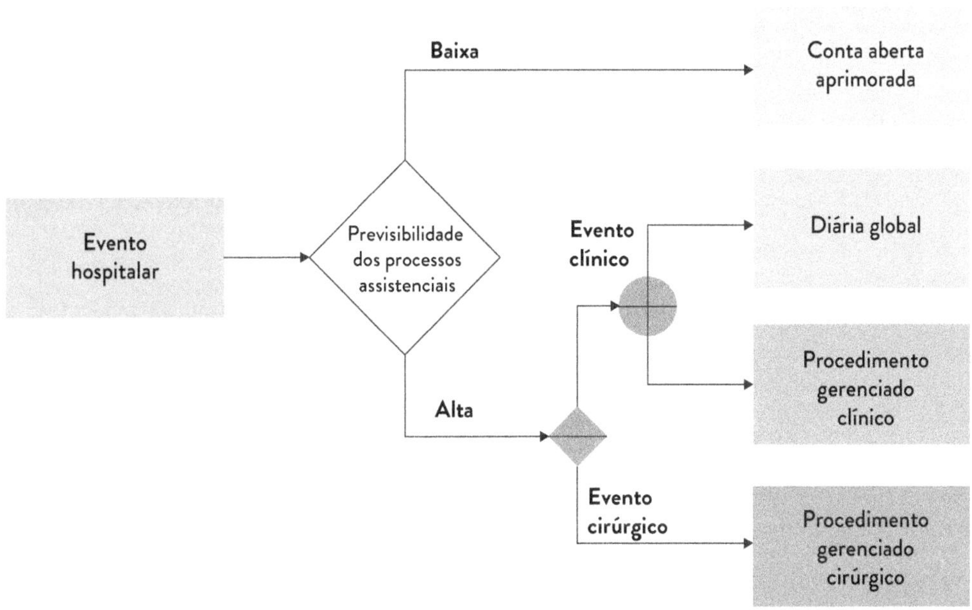

Fonte: Disponível em: <www.ans.gov.br/a-ans/sala-de-noticias-ans/a-ans/1860--novo-modelo-para-remuneracao-de-hospitais>. Acesso em: 14 nov. 2013.

É fundamental entender que o conhecimento em saúde estabelecerá os critérios técnicos para a indicação do procedimento ao qual o paciente será submetido, mas também já definirá quais serão as eventuais complicações que tais métodos possam ter, com base na literatura e em saúde fundamentada em evidências, que são a função precípua do prestador de serviço (médico e hospital) e da auditoria em saúde.

Exemplificando:

Primeira simulação:

- Paciente teve indicação médica para o procedimento histerectomia total por via abdominal, em caráter eletivo.
- A solicitação para a realização do procedimento foi encaminhada à fonte pagadora (SUS ou OPS), com histórico clínico adequado e exames que comprovam a indicação.
- A auditoria em saúde avaliou a solicitação e concordou com a indicação cirúrgica.
- O paciente, de posse da autorização, dirige-se ao hospital onde será executado o procedimento, faz seu processo de internamento e, após o preparo habitual, vai ao centro cirúrgico.
- O procedimento é realizado de acordo com a técnica proposta.
- O paciente recebe alta hospitalar no tempo previsto de permanência.

Pela sistemática do procedimento gerenciado, os prestadores apresentam a comprovação da sua realização e, conforme acordo de valores e prazos, o pagamento pelos serviços é feito, encerrando este momento da relação fonte de pagamento *versus* prestador.

Indicadores de qualidade da assistência são computados por todos para posterior avaliação.

Segunda simulação:

- Imaginemos a mesma paciente da simulação anterior submetida à cirurgia, mas tendo o procedimento complicado por uma embolia pulmonar, decorrente de trombo do próprio procedimento cirúrgico ou de eventual fonte vascular de membro inferior.
- A paciente necessitará de cuidados adicionais, permanecendo no hospital para tratamento clínico decorrente da complicação, com consequente consumo de recursos não previstos na autorização inicial.
- A paciente recebe os cuidados adequados, tem sua condição de saúde restabelecida e recebe alta hospitalar.
- Os prestadores de serviços apresentam os custos havidos com a intercorrência e a fonte pagadora avalia as respectivas adequações para remunerá-los.

A pergunta que se impõem para o caso é: *a intercorrência "embolia pulmonar" é complicação estatisticamente previsível para a intervenção histerectomia total?*

As evidências científicas[6] demonstrarão que 15% a 24% dos pacientes com trombose venosa não tratada podem sofrer embolia pulmonar.

Sem entrar no mérito do quadro clínico ou do seu tratamento, por não ser o objetivo desta discussão, e trazendo o caso simulado para a deliberação dos processos de auditoria em saúde, podemos lançar vários questionamentos visando, em primeiro lugar, à segurança dessa paciente, mas considerando também outras que venham a necessitar do mesmo atendimento.

A auditoria em saúde questiona:

- Foi feita avaliação prévia dos membros inferiores para a detecção da trombose?
- Foi realizada profilaxia medicamentosa e mecânica?
- A intercorrência foi decorrente de uma questão biológica incapaz de ser prevista pelos conhecimentos atuais?

Ao nos referirmos a estes exemplos, chamamos a atenção para a seguinte linha de raciocínio: sabendo-se que há um porcentual de complicações, clínicas ou cirúrgicas, cientificamente comprovado para certos procedimentos, há como a auditoria prospectiva fazer uma previsão e construir, também para essas complicações, um método gerenciado. Pode, alternativamente, estabelecer um acordo no modelo de conta aberta aprimorada, na qual as diárias já sejam compostas com vários itens, com o conjunto de medicamentos e materiais necessários para o tratamento específico e que tenham conteúdos e valores previamente estabelecidos. Como há previsão de que outros eventos ainda possam se somar aos anteriores, pode-se montar novo procedimento gerenciado ou acordo de conta aberta aprimorada, e assim por diante.

O próprio documento[7] citado estabelece que:

> Os itens relacionados às intercorrências ou cobrados fora do procedimento gerenciado, como conta aberta aprimorada, deverão ser validados pela auditoria e apresentados na mesma conta de cobrança.

Nesse modelo de ajuste prévio, é fundamental que as partes definam, portanto:

- Protocolos técnicos para o procedimento principal.
- Protocolos técnicos para o atendimento às intercorrências relacionadas ao procedimento principal.
- Processos de auditoria para liberação.

[6] Disponível em: <http://bvsms.saude.gov.br/bvs/publicacoes/0105urgencias.pdf>. Acesso em: 14 nov. 2013.

[7] Disponível em: <www.ans.gov.br/a-ans/sala-de-noticias-ans/a-ans/1860--novo-modelo-para-remuneracao-de-hospitais>. Acesso em: 14 nov. 2013.

- Processos de auditoria concorrente.
- Composição dos pacotes, tanto para o procedimento principal como para a intercorrência (procedimento gerenciado + conta aberta aprimorada).
- Indicadores de qualidade construídos de comum acordo para o estabelecimento de ações corretivas visando à segurança assistencial.

Esse grande acordo para a remuneração de hospitais vinculados à rede de saúde suplementar tem como princípio a sustentabilidade das instituições prestadoras e pagadoras. O modelo recoloca a auditoria em saúde no papel de avaliar a segurança e a qualidade da assistência prestada, reduzindo a intensidade do esforço da auditoria do hospital ou da fonte de financiamento no acompanhamento de um processo de remuneração por itens, que é complexo e trabalhoso.

A construção dos indicadores e os relacionamentos entre os procedimentos e as intercorrências remetem ao modelo DRG, referido no Capítulo 4.

Desse acordo, podem ser estabelecidos indicadores de desempenho, que permitam negociar valores com base em resultados e não apenas em custos e tabelas.

É desejável que essa modalidade de pagamento seja escolhida, em detrimento dos modelos atuais, pois acordos técnicos e financeiros com esse modelo possibilitariam a premiação do prestador com melhor desempenho.

Acordos para uso de materiais, em especial os implantáveis

A lógica de acordos para uso e pagamento de materiais, em particular os implantáveis, passa por uma questão comercial muito forte.

O avanço tecnológico, especialmente das próteses e de alguns materiais especiais, tem proporcionado melhor qualidade em saúde, em alguns casos, mas, em outros, nem sempre se traduz em qualidade. Para as fontes pagadores, bons acordos de valores quanto a esses produtos são vantajosos e implicam redução de custos. Mas, para que haja tais resoluções, é preciso avaliar adequadamente o produtor e o fornecedor desse tipo de insumo, por meio de visita de avaliação fundamentada em questionário estruturado para tal finalidade. O fornecedor deve ser avaliado com relação às suas habilitações legais e à adequação de suas instalações para a recepção, o acondicionamento, a expedição e o transporte de produtos, em especial os implantáveis.

Com relação ao produto, é competência da auditoria em saúde buscar evidências que comprovem a qualidade deste e os resultados em saúde que ele, ou seu grupo de produtos, representam para o paciente. Estes devem ter registro atualizado na Anvisa e, também nesta agência, devem ser verificadas eventuais notificações de eventos adversos relativos a eles.

Em alguns processos de regulação, é prática comum avaliar determinada solicitação de material e propor ao médico solicitante a troca por outro equivalente. A RN n. 338/2013 da ANS[8], e a Resolução CFM n. 1956[9] ditam a seguinte orientação:

RN 338, art. 21,

§ 1º Para fins do disposto no inc. VI deste artigo, deve ser observado o seguinte:

I – cabe ao médico ou cirurgião dentista assistente a prerrogativa de determinar as características (tipo, matéria-prima e dimensões) das órteses, próteses e materiais especiais – OPME necessários à execução dos procedimentos contidos nos Anexos desta Resolução Normativa;

II – o profissional requisitante deve, quando assim solicitado pela operadora de plano privado de assistência à saúde, justificar clinicamente a sua indicação e oferecer pelo menos 03 (três) marcas de produtos de fabricantes diferentes, quando disponíveis, dentre aquelas regularizadas junto à Anvisa, que atendam às características especificadas;

III – em caso de divergência clínica entre o profissional requisitante e a operadora, a decisão caberá a um profissional escolhido de comum acordo entre as partes, com as despesas arcadas pela operadora; e

IV – o profissional requisitante pode recusar até três nomes indicados por parte da operadora para composição da junta médica.

Resolução CFM n. 1956/2010:

Art. 1º Cabe ao médico assistente determinar as características (tipo, matéria-prima, dimensões) das órteses, próteses e materiais especiais implantáveis, bem como o instrumental compatível, necessário e adequado à execução do procedimento.

Art. 2º O médico assistente requisitante deve justificar clinicamente a sua indicação, observadas as práticas cientificamente reconhecidas e as legislações vigentes no país.

Art. 3º É vedado ao médico assistente requisitante exigir fornecedor ou marca comercial exclusivos.

Art. 4º As autorizações ou negativas devem ser acompanhadas de parecer identificado com o nome e número de inscrição no Conselho Regional de Medicina do médico responsável pelo mesmo.

---

[8] Disponível em: <www.ans.gov.br/index2.php?option=com_legislacao&view=legislacao&task=PDFAtualizado&format=raw&id=2591>. Acesso em: 15 fev. 2014.

[9] Disponível em: <www.portalmedico.org.br/resolucoes/CFM/2010/1956_2010.htm>. Acesso em: 15 fev. 2014.

> Art. 5º O médico assistente requisitante pode, quando julgar inadequado ou deficiente o material implantável, bem como o instrumental disponibilizado, recusá-los e oferecer à operadora ou instituição pública pelo menos três marcas de produtos de fabricantes diferentes, quando disponíveis, regularizados junto à Anvisa e que atendam às características previamente especificadas.
>
> Parágrafo único. Nesta circunstância, a recusa deve ser documentada e se o motivo for a deficiência ou o defeito material a documentação deve ser encaminhada pelo médico assistente ou pelo diretor técnico da instituição hospitalar diretamente à Anvisa, ou por meio da câmara técnica de implantes da AMB (implantes@amb.org.br), para as providências cabíveis.

Observa-se, nas duas normativas, as questões comuns que se referem à determinação das características dos materiais e não de suas marcas, e a faculdade para que a operadora possa propor substitutos ao material solicitado, mas que tenham sido avaliados adequadamente, como já referido.

Também merece menção a indicação de que a recusa de determinado material deve ser fundamentada e notificada quando houver evento adverso à Anvisa e também ao CFM. A proposta de eventual troca de material deve ser documentada e considerada prontuário médico para eventuais discussões posteriores.

Também é oportuno lembrar que existe uma Resolução do CFM estabelecendo critérios para a rastreabilidade de material implantável, com as devidas recomendações para as boas práticas de recepção de materiais de implante em centros de materiais (Resolução CFM n. 1.804/2006)[10]. Este é um dos critérios de qualidade que deve ser seguido pela auditoria em saúde, tanto na contratação do hospital como para acompanhamento de eventuais efeitos adversos de determinados materiais implantáveis.

7.3 Protocolos de rotinas de procedimentos em cada setor, com discussão prévia de protocolos: procedimentos padronizados e medicamentos

Em 2009, o Banco Mundial fez um estudo sobre o desempenho da rede hospitalar brasileira[11], que demonstrou os seguintes pontos de melhoria possíveis:

- Para manter ganho de escala, hospitais devem ter entre 100 e 200 leitos, e a maioria dos hospitais brasileiros tem menos de 50 leitos.

---

[10] Disponível em: <www.portalmedico.org.br/resolucoes/CFM/2006/1804_2006.htm>. Acesso em: 14 nov. 2013.

[11] Unimed Federação Minas. *A cadeia de valor em saúde*, 2009.

- Grande variação de custos para procedimentos idênticos, inclusive no mesmo hospital, indicando falta de padronização.
- Taxa média de ocupação abaixo de 40%.
- Dos atendimentos a pacientes internados, 30% poderiam ter sido feitos em ambulatórios.
- Excesso de empregados.

Essas constatações, por si só, revelam problemas na gestão não só dos custos hospitalares, mas também dos processos de assistência.

A auditoria hospitalar prospectiva pode e deve prever que tais dificuldades acarretem desvios na prestação dos serviços e, eventualmente, em seu faturamento.

Sabe-se que a padronização de procedimentos melhora a eficiência e reduz o esforço necessário para que estes atinjam o objetivo deles; assim ocorre nas nossas atividades diárias, e não seria diferente nos processos hospitalares.

Entendendo o procedimento como um método, é fácil deduzir que é possível padronizá-lo. Como vantagens, teríamos:

1. Procedimentos que podem ser feitos de uma mesma forma.
2. Possibilidade de análise e verificação de cada uma de suas etapas.
3. Melhor preparo na condução das tarefas por meio de capacitação dos envolvidos.
4. Execução e produção de processos mais consistentes, que geram maior qualidade e produtividade.
5. Redução de riscos e de retrabalho ineficaz.
6. Garantia de maior profissionalismo ao ato e a quem o pratica.

O procedimento padronizado é, portanto, um instrumento eficiente para a aplicação e o gerenciamento de processos rotineiros, uma vez que, a cada etapa, é possível determinar uma responsabilidade e indicadores que objetivem sua avaliação e constante melhoria.

Com base nesses conceitos, e com foco na segurança assistencial, todos os procedimentos rotineiros realizados em hospitais devem ser analisados e construídos de forma a constituir um grande conjunto do chamado *procedimento operacional padrão* (POP).

Essa organização permitirá que os procedimentos rotineiros possam ser cumpridos, mantendo as equipes responsáveis por atendimentos a emergências livres no momento em que forem solicitadas, o que é desejável. Mesmo os procedimentos de urgência e/ou emergência previsíveis no âmbito hospitalar devem ter seus POPs descritos e revisados constantemente, o que se traduz em ganho de qualidade da assistência, como mostram os processos de acreditação em saúde.

Cada processo deve estar sistematicamente descrito, e suas inter-relações, definidas nas sequências de procedimentos que envolvem a assistência.

Cada macroprocesso contém um emaranhado de processos com ações que, sob o ponto de vista do gestor, devem ser analisadas objetivando sua eficácia.

Compete ao auditor em saúde, ao analisar prospectivamente a capacidade e a qualidade da assistência possível, olhar e comprovar essas padronizações e sua real aplicação. Assim, por exemplo, a descrição do processo de identificação do paciente internado que é feita na recepção é diferente da que se faz do mesmo paciente no centro cirúrgico; em ambos os momentos, porém, essa identificação precisa ser observada por equipes diferentes, em situações de atendimento diversas. Se compreendermos que essa mesma identificação deverá ser multiplicada pelos vários setores do hospital, assimilaremos a forte inter-relação de um macroprocesso, que passa a ser incorporado e observado em outros microprocessos de atendimento.

A existência desses POPs já indica, por si só, a preocupação do prestador com a qualidade da execução, mas a comprovação de sua real aplicação é de fundamental importância para que a descrição não seja apenas figurativa, mas efetiva e eficaz.

Da mesma forma que ocorre com os POPs e com os materiais implantáveis, é recomendável que a fonte pagadora (SUS e OPS) estabeleça acordos para a assistência farmacêutica necessária ao atendimento.

A farmácia hospitalar, com previsão legal pela Portaria Ministerial 4.283, de 30 de dezembro de 2010[12], tem como diretrizes principais a gestão de tecnologias medicamentosas para várias especialidades e de outros produtos, bem como sua manipulação e preparo; para os hospitais de ensino e pesquisa, agregam-se a tais atribuições também a farmácia hospitalar.

Entre seus processos de trabalho e atenção da farmácia hospitalar, temos:

- Gestão dos processos efetuados no âmbito da farmácia hospitalar.
- Recebimento e armazenamento de produtos.
- Seleção, padronização, distribuição, dispensação e controle de medicamentos e produtos para a saúde.
- Otimização da terapia medicamentosa, farmacovigilância.
- Disseminação da informação sobre medicamentos e produtos para a saúde.
- Assistência farmacêutica, propriamente dita, no que se refere a reconciliação medicamentosa, por exemplo.
- Ensino, educação permanente e pesquisa.

Para a fase prospectiva do processo de auditoria em saúde, é desejável que a equipe conte com a participação efetiva de profissional da área, dada a grande complexidade que há nos processos supracitados. Quando esse profissional não faz parte da equipe, os demais auditores em saúde deverão estabelecer, junto ao farmacêutico

[12] Disponível em: <http://bvsms.saude.gov.br/bvs/saudelegis/gm/2010/prt4283_30_12_2010.html>. Acesso em: 14 nov. 2013.

hospitalar, protocolos de assistência farmacêutica que permitam acompanhar a qualidade dos produtos e dos serviços utilizados na assistência.

Em todos os setores qualificados do hospital, sejam assistenciais ou de suporte, de apoio diagnóstico ou de terapia, a lógica de avaliar, por meio da equipe de auditoria em saúde, os processos ali instalados, bem como de estabelecer padrões de qualidade é função da auditoria prospectiva.

Quando esses acordos são bem definidos, diminui-se sobremaneira a possibilidade de maus resultados e de possíveis conflitos no relacionamento entre a fonte pagadora e o prestador.

7.4 Critérios de avaliação de qualidade em todos os setores

Qualidade é algo que deve ser inerente a todos os serviços de saúde. Por isso, a possibilidade da ocorrência de eventos adversos e de erros nos processos de assistência à saúde tem sido tema recorrente na mídia, na literatura leiga e especializada, em congressos médicos e em encontros de vários tipos de prestadores.

Estima-se que, no Brasil, a má qualidade da assistência represente um acidente aéreo por dia, conforme o Instituto Gerhus, em palestra apresentada em setembro de 2013. Infelizmente, nossas estatísticas não são tão completas quanto em outros países e, adicionalmente, há subnotificações de eventos.

Nos Estados Unidos, a iatrogenia foi considerada a terceira maior causa de óbitos, perdendo apenas para as doenças cardiovasculares e as neoplasias[13].

Entre os erros mais frequentes na atenção hospitalar, conforme AHRQ[14], estão os de medicação; mas, além destes, há outros como:

- Suicídio de paciente internado.
- Complicações operatórias e pós-operatórias.
- Cirurgia em parte errada do corpo ou em paciente errado.
- Mortes relacionadas à demora de tratamento.
- Mortes ou danos relacionados à contenção do paciente no leito.
- Agressão/estupro/homicídio.
- Fuga de paciente seguida de morte.
- Queda do paciente.

[13] STARFIELD, B. (2000, July 26). "Is US health really the best in the world?". In: *Journal of the American Medical Association*, 284(4), 483-485.

[14] Disponível em: <www.qualityindicators.ahrq.gov/Modules/IQI_TechSpec.aspx>. Acesso em: 14 nov. 2013.

- Rapto infantil ou entrega de bebê para família errada.
- Partos que ocorrem no corredor ou antessala de parto.
- Troca de bebês após o nascimento.
- Reações transfusionais.
- Acidentes com pacientes durante o período de internação.
- Acidentes de trabalho (ex.: material perfuro-cortante).
- Riscos de incêndio e explosão.

Obviamente, nenhuma instituição hospitalar ou prestador de serviços de saúde pratica tal tipo de evento intencionalmente; a falta de metodologia para prevenção de riscos dessa natureza, porém, pode ocorrer por falta de preparo adequado para evitá-los.

Como a auditoria hospitalar pode auxiliar nesses processos?

Fundamentalmente, o papel da auditoria em saúde será o de estabelecer acordos com o hospital, a fim de conhecer toda sua sistemática de processos e ações para prevenir tais riscos.

Há várias metodologias e ferramentas que permitem minimizar possíveis erros ou falhas e aplicar procedimentos para a correção destes. Com base em Burmester[15], podemos relacionar algumas: análise da causa raiz – *Failure Mode and Effects Analysis* (FMEA), que é uma análise do tipo e do efeito da falha –; *compliance*, ferramenta que busca a mitigação dos riscos com base em regras bem estabelecidas; matriz Gravidade/Urgência/Tendência (GUT), que busca definir prioridades no processo decisório.

No hospital, a formação e a operacionalização de comitês especializados em análise e mitigação de riscos específicos é um mecanismo útil para a gestão do risco. Como exemplo, podemos citar os comitês de controle de infecção hospitalar, de prontuários, de mortalidade materno-infantil, bem como as brigadas de incêndio, os chamados times de resposta rápida, entre outros.

A composição de listas de riscos para serem discutidas com a alta direção do hospital é desejável e permitirá identificar todas as ações já adotadas ou programadas para a qualificação do hospital. Convém ressaltar, todavia, que, havendo auditoria em saúde do próprio hospital, caberá a ela verificar se esse item de qualidade está sendo observado e efetivamente trabalhado.

Todos os conjuntos de acordos relatados neste capítulo possibilitam à auditoria em saúde atuar preventivamente em busca de qualidade assistencial.

É importante que, para propor ações que resultem em maior efetividade dos serviços e, consequentemente, melhores resultados em saúde, o auditor conheça as ferramentas que possibilitem o diagnóstico de problemas na organização de saúde tanto quanto a utilização de metodologias de planejamento. E sua postura junto às equipes de qualidade do hospital deve ser crítica, porém sinérgica e colaborativa, visando ao interesse comum.

---

[15] BURMESTER, H. *Gestão da qualidade hospitalar*. São Paulo: Saraiva, 2013 (Coleção Gestão Estratégica de Saúde).

8 AUDITORIA HOSPITALAR CONCORRENTE

A auditoria concorrente, que é executada durante a assistência tanto pela auditoria da fonte pagadora como pela do próprio hospital, deve ser aplicada para avaliar e controlar os seguintes processos:

1. Plano de cuidados prestado aos pacientes internados:
   - Deve ter como base o conhecimento em saúde da formação profissional respectiva, protocolos fundamentados por livros, textos, trabalhos e pesquisas com uso de SBE, Projeto Diretrizes da AMB/CFM, decisões de reuniões de casos clínicos, protocolos reconhecidamente técnicos da Organização Hospitalar, entre outros.
2. Intercorrências durante o período de internação:
   - Análise dos eventos pelas diversas comissões técnicas e/ou pela diretoria técnica.
3. Gestão de riscos:
   - Análise da observação dos procedimentos operacionais padronizados e dos protocolos de prevenção (*Request Operating Procedures* –ROP).
4. Avaliação da utilização adequada de recursos, materiais e medicamentos, como: gasoterapia, hemoterapia, medicamentos especializados.
5. Auditoria pré-faturamento: conciliação de contas com foco nos principais grupos de despesas (HOSP, MAT, MED, SADT, HM).

6. Recursos de glosas: avaliação das justificativas com discussão de revisão de processos para a melhoria contínua (ciclo do PDCA)[1].
7. Procedimentos de alta complexidade: são definidos pela ANS e pelo SUS e compete ao auditor avaliar os resultados de sua execução.
8. Comissões[2] ou comitês hospitalares:[3] organização e efetividade (comissões de sindicância ou de reforma do setor x ou y, por exemplo, entre outras, e comitês de ética, de controle de infecção hospitalar, de prontuário, de avaliação de óbitos, entre outros). O funcionamento eficaz dessas estruturas produz maior controle e melhor qualidade da assistência.

8.1 Qualidade da atenção

A auditoria em saúde deve propor, confeccionar ou adaptar indicadores de resultados e de processos para a atenção, que possam ser implantados e revistos frequentemente.

Como já informado, o uso de indicadores permite avaliar a qualidade da atenção. Pode-se, por exemplo, identificar perda da qualidade quando se detecta ou se suspeita de internação desnecessária ou de períodos de permanência em desacordo com o previsto para cada procedimento. Há indicadores que permitem calcular o tempo médio de internamento para um procedimento ou grupo, em função de séries históricas ou de análise de literatura que subsidie o indicador[4].

É fundamental para a assistência à saúde que os indicadores que apontem falta ou redução da qualidade demandem ações corretivas urgentes, e que o contexto das condições de risco seja sempre comunicado e executado pela equipe de atendimento.

Os casos complexos, por si só, demandam maior número de recursos e sua peculiaridade exige maior monitoramento. Entre os vários pontos de atendimento, as Unidades de Terapia Intensiva (UTI) merecem atenção especial, mas são, em geral, unidades que já possuem seus próprios padrões de procedimentos operacionais, os quais devem ser conhecidos pelo auditor e solicitados quando do início do trabalho de auditoria com o prestador.

Na UTI, devem-se observar e discutir os seguintes riscos:

- **Medicamentoso**. Risco decorrente, em especial, da indicação do medicamento, de suas conciliações e de eventuais incompatibilidades.

[1] PDCA é sigla de técnica de ciclos de melhoria contínua de processos, elaborada por W. Edwards Deming, que consiste em planejar (*Plan*), executar (*Do*), verificar ou estudar (*Check/Study*) e aprender com os resultados (*Act*), melhorando-os continuamente.

[2] Comissões são formadas por grupos de profissionais com um objetivo específico e têm caráter temporário; comitês também têm objetivos específicos, mas o caráter destes é permanente. As instituições hospitalares devem ter comissões de ética, sendo recomendadas as de avaliação de documentos (prontuários) e de infecção hospitalar.

[3] BURMESTER, H. *Gestão da qualidade hospitalar*. 1. ed. São Paulo: Saraiva, 2013.

[4] Ver Capítulo 3, item 3.3, a respeito da proposta de construção de indicadores hospitalares.

- **Nutricional.** Risco que varia de acordo com o estado nutricional prévio do paciente, a doença que motivou o internamento e o consumo das reservas orgânicas que devem ser mantidas ou repostas.
- **Equipamentos.** Risco que decorre do uso, e eventualmente do abuso, de equipamentos que visem a dar maior segurança ao atendimento, os quais precisam estar disponíveis e adequadamente utilizados, conforme o monitoramento do caso exija.
- **Procedimentos intervencionistas.** Riscos relacionados aos procedimentos que podem ser executados no ambiente da UTI (acesso venoso profundo ou central, traqueostomia, drenagens em geral, entre outros).

Para apoio e previsibilidade dos riscos individuais, podem-se utilizar escalas de avaliação de risco, como as exemplificadas abaixo:

Avaliação de risco em UTI[5]

1. ESCALA SOFA ➛ *Sequential organ failure assessment.*
2. ESCALA APACHE ➛ *Acute physiology and chronic health.*
3. MODS ➛ *Multiple organ dysfunction score.*
   a) MODS diário: avalia determinado dia ao acaso.
   b) MODS agregado: soma do pior escore individual para cada órgão em determinado período.
   c) DELTA MODS: diferença entre MODS agregado e MODS da admissão.

Também é fundamental que a auditoria concorrente observe se há gerenciamento de risco dos pacientes internados e como isso está sendo feito.

Entre os principais riscos hospitalares que devem ter processos definidos para serem observados e evitados, citamos:

- Identificação do paciente.
- Risco de infecção.
- Risco de queda.
- Transferências internas.
- Reconciliação e reação medicamentosa.
- Práticas de segurança no procedimento cirúrgico.
- Práticas de segurança em exames complementares.

[5] Síntese de material obtido em: <www.scielo.br/scielo.php?pid=S0103-507X2006000300010&script=sci_arttext>. Acesso em: 14 nov. 2013.

- Controle de eletrólitos concentrados.
- Treinamento de segurança do paciente.
- Higiene das mãos.
- Administração oportuna de antibióticos profiláticos.
- Política de informações.
- Segurança de narcóticos.

A prática diária dos processos de assistência no hospital conduz, pela frequência de determinadas ações, ao alcance da estatística prevista para eventual falha. Assim, se determinado procedimento tem previsão estatística de ocorrência em torno de 1%, ao se aproximar o centésimo caso, se a ocorrência ainda não se tiver efetivado, é recomendável redobrar o cuidado.

Também é importante lembrar que a rotina e a repetição de determinadas ações costumam conduzir a um relaxamento da atitude preventiva, e mesmo os mais experientes profissionais podem cometer erros, que, por vezes, podem ter maior repercussão e dano que os dos não experientes.

Observar o plano de gerenciamento de risco e os sinais de alerta é fundamental para qualidade da atenção.

Referenciamos a seguir alguns exemplos de manejo e de alerta para a prevenção de ocorrência de riscos e reações necessárias.

8.2 Exemplos de riscos assistenciais e seus manejos

8.2.1 Risco: psicoemocional

Sinais de alerta:

- Paciente psicologicamente agitado e excessivamente exigente.
- Comportamento agitado, sugerindo ansiedade, irritação, agressividade, emocionalmente instável (riso excessivo, choro).
- Comportamento exigente, controlador.
- Histórico ou evidência de dependência química ou de tratamento psiquiátrico.
- Paciente confuso:

  Alteração súbita de comportamento e/ou humor.

  Amnésia.

  Dificuldade em informar dados pessoais ou reconhecer pessoas próximas.

  Prejuízo do entendimento.

O que fazer:

- Manter a situação sob controle, com orientações seguras e firmes, explicando o procedimento e buscando demonstrar a segurança deste.
- Avaliação neurológica do nível motor e de resposta consciente.
- Definição médica pela continuidade ou não do procedimento.

8.2.2 Risco: reações orgânicas a medicamentos

Sinais de alerta:

- Pacientes com histórico de alergia a medicamentos e/ou alimentos (especialmente ovo).
- Reações adversas a medicamentos utilizados em procedimentos semelhantes.
- Medicamento de origem externa (portado pelo paciente) e de uso contínuo.
- Interações medicamentosas possíveis com medicamentos utilizados no procedimento.
- Uso de medicamentos que potencializam riscos de efeitos indesejáveis, especialmente neurológicos, cardiológicos e anticoagulantes.
- Possibilidade de interação droga-nutriente e droga-alimento.
- Queixas técnicas pregressas de materiais e medicamentos.

O que fazer:

- Pesquisar a alergia a medicamentos e registrar no consentimento informado.
- Comunicar o farmacêutico e o médico e/ou enfermeiro se o paciente for alérgico.
- Solicitar avaliação de farmacêutico, se necessário.
- Comunicar a enfermagem e o médico em caso de reação medicamentosa - sinais e sintomas como diarreia, vômito, cefaleia, prurido, vermelhidão, hipotensão, manchas no corpo, pintas e edema - e registrar.
- Registrar no prontuário em caso de uso de medicamentos trazidos de casa.
- Anotar no consentimento informado e comunicar ao médico os medicamentos de uso contínuo.
- Orientar acompanhante e familiares sobre os riscos, e registrar em prontuário, com o consentimento do paciente ou familiares.
- Registrar no prontuário as interações medicamentosas previstas.
- Identificar a presença do risco medicamentoso nas prescrições.
- Conhecer e atentar para os medicamentos de risco conforme rotina do hospital: critérios de cor ajudam a identificar o risco do medicamento.

- Garantir a dose adequada no fluxo previsto.
- Observar o medicamento antes de utilizá-lo. Havendo alterações de cor, cheiro e aspecto ou a ocorrência de partículas estranhas e cristalização, notificar a farmácia imediatamente e abrir queixa técnica.

8.2.3 Risco: broncoaspiração

Sinais de alerta:

- Pacientes com doenças neurológicas.
- Pacientes com dificuldade de deglutição.
- Idosos acima de 65 anos.
- Pacientes em ventilação mecânica ou que fizeram uso de tubos orotraqueais recentemente.
- Pacientes traqueostomizados.
- Uso de sondas para alimentação por tempo prolongado e/ou presença de estase gástrica.
- Rebaixamento do nível de consciência e/ou uso de sedativos.

O que fazer:

- Monitorar com oximetria de pulso.
- Manter cabeceira elevada a 45 graus.
- Informar alterações súbitas no padrão respiratório, presença de tosses e engasgos.
- Garantir o posicionamento e permeabilidade adequada da sonda nasoenteral.
- Monitorar motilidade e esvaziamento gástrico.
- Observar estado de alerta e posição durante a refeição.
- Manter higiene oral e da cânula de traqueostomia com aspiração e permeabilidade.
- Orientar familiares sobre o tratamento e o padrão dietético prescrito e anotar.

8.2.4 Risco: quedas

Sinais de alerta:

- História de tontura persistente ou quedas nos últimos 3 meses.
- Diagnósticos relacionados a déficit neurológico ou de oxigenação encefálica (AVC, AIT, anemia, doenças cardiovasculares isquêmicas, entre outras).

- Paciente acamado, repouso no leito, utilizando bengala e andador.
- Paciente em terapia endovenosa ou com imobilização, mesmo que parcial, de membros.
- Paciente com alterações de marcha.
- Paciente desorientado e/ou confuso.

O que fazer:

- Implementar intervenções de observação e suporte para todos os doentes internados, com apoio pessoal e por cadeiras.
- Orientar o doente para as rotinas hospitalares e do serviço.
- Orientar os pacientes em confusão mental e acompanhante.
- Orientar paciente a não levantar sem auxílio da enfermagem.
- Orientar o doente e a família sobre as intervenções de prevenção de quedas e registrar.
- Comunicar ao doente sobre o risco.
- Avaliar possíveis efeitos colaterais da medicação que estiver sendo utilizada.
- Manter a cama baixa e travada.
- Manter os pertences pessoais ao alcance do paciente.
- Remover equipamentos e mobiliário do trajeto do paciente.
- Orientar o uso de calçado antiderrapante.
- Manter observação intensiva para os pacientes de maior risco.
- Avaliar a necessidade de dispositivos para intervenções (cadeiras, macas, andadores).

8.2.5 Risco: hemorragia

Sinais de alerta:

- Pós-operatório imediato ou recente.
- Uso de anticoagulantes.
- Pacientes imunodeprimidos.
- Pacientes com histórico de sangramento anterior ou de distúrbio de coagulação prévio.
- Pacientes da hemodinâmica ou da radiologia intervencionista com curativo compressivo.

O que fazer:

- Manter a comunicação e o acompanhamento por 24 horas.
- Orientar família e acompanhante. Se observar sangramento visível, comunicar hospital ou serviço.
- Comunicar enfermagem e médico assistente se houver sangramento oral, gengival, na urina ou nas fezes e registrar no consentimento informado.
- Não garrotear o braço e evitar uso de fitas adesivas em pacientes idosos em uso de anticoagulantes.
- Atentar para a sinalização da farmácia sobre medicações que potencializam o risco.
- Comunicar o médico e a enfermagem em caso de hipotensão, taquicardia, sudorese e palidez.
- Observar o cuidado com possíveis traumas orais (bocais, manuseio).

As principais formas para buscar a prevenção da ocorrência de riscos, são:

1. Identificar riscos e impactos.
2. Analisar riscos.
3. Caso haja vários riscos, verificar se houve mapeamento e priorização, definindo limites e classificando riscos ativos e inativos.
4. Planejar soluções para mitigar ou contingenciar o risco.
5. Monitorar o resultado das ações.
6. Programar correções.
7. Comunicar e treinar equipe(s) e envolvido(s).

Conforme Porter[6], empresa que oferece qualidade deve ter processos adequados em:

- Infraestrutura: gerência, contabilidade, entre outras.
- Recursos humanos: recrutamento, desenvolvimento, seleção, entre outros.
- Desenvolvimento tecnológico: especialmente os recursos de tecnologia da informação.
- Compras: aquisição de matérias-primas, de equipamentos como exemplo.

Hospitais que não tenham estes processos adequados podem perder qualidade, representar custos mais elevados para a fonte de financiamento e, em função da ineficiência, gerar falhas em outros processos.

[6] PORTER e TEISBERG, 2007

Alguns indicadores hospitalares podem auxiliar a auditoria concorrente a avaliar o desempenho do hospital, como taxa de ocupação, médias de permanência por patologia, frequência de complicações, entre tantos outros.

Além das resoluções normativas do SUS, por meio do QualiSUS[7], também a ANS está implantando processo de qualificação dos prestadores por meio do programa Qualiss[8], regulamentado pela RN n. 275.

É importante que o auditor hospitalar conheça tais programas, os quais encerram conceitos e indicadores para a avaliação da qualidade dos serviços hospitalares.

Por fim, vale lembrar que o fato de o paciente receber alta hospitalar não cessa o processo do cuidado, pois esses pacientes devem receber orientações e prescrições que garantam uma recuperação sustentável e uma sobrevida com qualidade, além de serem acompanhados na evolução pós-atendimento.

[7] Disponível em: <www.saude.gov.br>. Acesso em: 14 nov. 2013.

[8] Disponível em: <www.ans.gov.br>. Acesso em: 14 nov. 2013.

9 Auditoria Hospitalar Retrospectiva

Um grande contingente de pessoas e de processos participa do faturamento de hospitais. Como esse é o procedimento que trará os recursos para o prestador, há um grande foco neste momento e nos recursos utilizados para a cobrança pelos serviços prestados.

O processo de auditoria retrospectiva, como citamos, com frequência se resume a verificar coerência entre a fatura e os serviços efetuados. É uma atividade necessária, mas que pode ter foco equivocado por não buscar avaliar o efetivo resultado em saúde do atendimento faturado.

Há, na conta hospitalar, indicativos importantes que podem sinalizar inadequação no consumo de determinados produtos, gerando custos e despesas que deveriam ser evitados.

9.1 Composição de faturas, custos e desperdícios

De modo geral, na análise da composição dos custos hospitalares, devem ser avaliados os seguintes itens:

- Honorários médicos.
- Diárias hospitalares.
- Taxas contratadas com os prestadores.
- Materiais comuns, descartáveis e não implantáveis.

- Medicamentos.
- Materiais implantáveis[1].
- Exames complementares para diagnóstico.
- Gasoterapia.
- Serviços auxiliares de terapia: hemoterapia, quimioterapia, hemodiálise.
- Outros itens eventuais.

Há grande diversidade tanto nos itens que compõem as diárias hospitalares quanto nos tipos de diárias.

As diárias hospitalares, fundamentalmente, são compostas pelos artigos de localização, ou seja, do espaço disponibilizado para a ocupação pelo paciente durante seu internamento. O atendimento por enfermagem, a higiene, a alimentação e os serviços de manutenção, entre outros, geram despesas e precisam ser remunerados. O uso de diversos tipos de materiais, medicamentos e gases terapêuticos precisam de estrutura que esteja disponível para os diversos atendimentos que ali serão prestados. O somatório desses componentes, associado a questões mercadológicas e gestoras, determinará o custo real de uma diária hospitalar.

No Capítulo 7, apresentamos um modelo de composição dessas diárias, e é adequado que esta se faça de maneira prospectiva.

Para o auditor em saúde, alguns conceitos relacionados ao faturamento são importantes para a análise deste ser feita sob uma visão mais sistêmica, buscando deduzir de seus itens informações que ajudem a construir planos de redução de perdas ou de despesas não produtivas.

A seguir, procuraremos enumerar esses conceitos de forma resumida.

1. Um dos conceitos importantes é o de que, em todo processo produtivo, há desperdícios de recursos, que podem ser de conhecimento, de trabalho braçal efetivo, de produtos, de tempo e assim por diante. Segundo estudo publicado pela *Harvard Business Review*[2] "50% é o volume estimado dos gastos com burocracia e exames desnecessários". Ou seja, é preciso analisar, dentro do contexto do atendimento, o que é efetivamente necessário. A meta deve ser "desperdício zero", e, mesmo que seja utópica, aproximar-se da meta é sempre desejável, e isso só será possível se os desperdícios forem identificados.
2. As faturas hospitalares correspondem a valores originados em atividades hospitalares que têm custos, despesas e investimentos, mas também perdas. É importante compreender o que cada um significa e determinar ações em função deles. Veja o Quadro 9.1, a seguir:

[1] Disponível em: <http://portal.anvisa.gov.br>. Acesso em: 20 mai. 2014. Procure por produtos para saúde e materiais implantáveis, observando que estes incluem órteses e próteses, que representam importante componente da conta hospitalar.

[2] *Harvard Business Review*, abr. 2010.

Quadro 9.1 Diferenças entre custo, despesa, investimento e perda

	Custo	Despesa	Investimento	Perda
Conceito	Gasto relativo a bem ou serviço consumido diretamente na produção de outros bens ou serviços.	Bem ou serviço consumido direta ou indiretamente fora do processo produtivo.	Pagamento de bem ou serviço que gera ou incrementa a produção e que aumenta o patrimônio.	Bem ou serviço consumido de forma anormal ou involuntária, sem gerar produção ou agregar valor.
Exemplo	Consumo adequado de materiais no centro cirúrgico.	Consumo de materiais nos processos administrativos do hospital.	Aquisição de Sistema de Gestão.	Fio cirúrgico aberto e não utilizado.
Análise auditoria	Verificar a adequação do consumo.	Verificar a compatibilidade com as necessidades da assistência.	Buscar analisar o real impacto na melhoria dos processos assistenciais.	Identificar, discutir, informar e propor ações de melhoria.

Fonte: Conceitos apresentados por Eduardo Regonha[3] e modificados pelo autor, com autorização.

3. É importante que o auditor procure conhecer o custo operacional daquele prestador, tentando determiná-lo por paciente, por procedimento, por paciente/diária, entre outros. A especificação desses custos pode induzir a formatação de pacotes que simplificam a auditoria retrospectiva (ver Capítulo 7).
4. Para considerar o custo, é importante definir o que é custo fixo (que não depende do volume de procedimentos) e o que é custo variável (que oscila com o volume da produção de serviços). Na maioria das auditorias retrospectivas, são avaliados apenas os custos variáveis, que detalharemos mais à frente, mas é importante analisar também os componentes do custo fixo, pois estes acabam determinando os preços das diárias e das taxas. O já citado estudo do Banco Mundial, por exemplo, mostrou que há excesso de empregados, o que é parte do custo fixo. Sabemos que há regras para o dimensionamento da assistência de enfermagem[4], e caso tal dimensionamento tenha sido programado com excessos, os valores necessários para cobrir tal despesa serão repassados ao preço final do serviço. Cabe, portanto, um processo de auditoria para identificar divergências desse tipo.

[3] Conceitos apresentados por Eduardo Regonha e modificados pelo autor, com autorização. O conteúdo foi retirados de material didático oferecido no Curso de pós-graduação da Fundação Unimed, em 2002.

[4] Resolução Cofen n. 293/2004. Disponível em: <http://novo.portalcofen.gov.br/resoluo-cofen-2932004_ 4329.html>. Acesso em: 20 mai. 2014.

5. Alguns indicadores devem ser obtidos do faturamento para auxiliar na prospecção de acordos de remuneração. Citamos alguns exemplos:

   a) Determinação do Tempo Médio de Permanência (TMP): permite calcular quanto tempo, em média, um paciente ocupa o leito.

   Variáveis:

   - Tipo da doença/procedimento (AVC, parto, cirurgia).
   - Reação (resposta) do paciente.
   - Grau de resolubilidade.

   Forma de cálculo:

$$\text{TMP} = \frac{\text{Total de pacientes internados no período}}{\text{Total de pacientes com alta no período}}$$

   O resultado dessa equação pode ser em dias, semanas, meses ou anos.

   b) Taxa de Ocupação (TO): permite calcular a utilização completa ou parcial dos recursos disponíveis em uma unidade ou no hospital como um todo.

   Forma de cálculo:

$$\text{TO} = \frac{\text{Total de Pacientes internados no período}}{\text{Total de leitos disponíveis para internamento}} \quad \text{(em \%)}$$

   Cada indicador pode explicar determinados movimentos do hospital e deve ser ajustado para a melhor performance possível.

6. Como o papel do auditor está focado na busca de informações, é fundamental que ele saiba formular perguntas que instiguem melhorias. A seguir, veja as questões possíveis, olhando-se para a fatura hospitalar:

   - O processo de faturamento está adequado, ou seja, produz informações corretas e confiáveis?
   - Há outra forma de remuneração diferente da atual que ainda não foi aventada?
   - A estrutura hospitalar está efetivamente adequada para os serviços a que se propõe?

- Há ineficiências?
- Há padrões para os procedimentos?
- Há internações prolongadas desnecessariamente ou altas abaixo da média de permanência para o procedimento?
- O hospital tem negociado bem suas compras, o que leva ao estabelecimento do preço final à fonte pagadora?

Nessa linha investigativa, é possível se formular um grande número de questões que a análise da conta hospitalar pode responder ou suscitar respostas. O que propusemos no Capítulo 7 auxilia a responder algumas destas questões, com alternativas mais compatíveis com um moderno sistema de faturamento.

9.2 Operacionalização da auditoria de contas hospitalares

Vamos analisar duas formas atuais de faturamento para remunerar o atendimento de um parto cirúrgico (cesariano).

O SUS utilizará a tabela Sistema de Gerenciamento da Tabela de Procedimentos, Medicamentos e OPM do SUS (Sigtap), em que esse tipo de parto está codificado como:

04.11.01.003-4 Parto cesariano

Este procedimento tem um valor correspondente a serviço hospitalar e outro valor correspondente a serviço profissional, que, somados, representam o valor total do procedimento.

Há parametrizações demográficas e incentivos para hospitais participantes do programa Hospitais Amigos da Criança[5], e essas parametrizações, previamente ajustadas, permitem o que o faturamento seja feito de forma ágil e com poucas imprecisões, em função do modelo de pacote utilizado.

Agora, vejamos na Tabela 9.1 a fatura de um parto cesariano pela Saúde Suplementar:

[5] A Iniciativa Hospital Amigo da Criança (IHAC) foi idealizada em 1990 pela Organização Mundial da Saúde (OMS) e pelo UNICEF para promover, proteger e apoiar o aleitamento materno. O objetivo é mobilizar os funcionários dos estabelecimentos de saúde para que mudem condutas e rotinas responsáveis pelos elevados índices de desmame precoce. Para isso, foram estabelecidos os Dez Passos para o Sucesso do Aleitamento Materno. Disponíveis em: <http://bvsms.saude.gov.br/bvs/publicacoes/ iniciativa_hospital_amigo_crianca_modulo4.pdf> e <www.unicef.org/brazil/pt/activities_9994.htm>. Acesso em: 15 fev. 2014.

Tabela 9.1 Modelo de fatura de procedimento

		Nome do beneficiário	Código	Data de abertura		Data de fechamento	Evento	
			xxxx	xxxx		xxxx	xxxx	
ID. Item Evento	Cód. Serviço	Descrição	Quantidade	Valor cobrado	Glosa operacional	Motivo glosa operacional	Glosa técnica	Motivo glosa técnica
25462556	10103015	Atendimento ao recém-nascido em berçário						
25462557	10103023	Atendimento ao recém-nascido em sala de parto (parto normal ou operatório)						
25462558	31309054	Cesariana						
25462559	31309054	Cesariana						
25462560	31309054	Cesariana						
25462561	70080755	Seringa descartável 3 ml s/ ag pla						
25462562	70200041	Agulha hipodérmica 25×8 precision GL						
25462563	70200459	Agulha descartável 13×4,5						
25462564	70525137	Seringa 1ml insulina						
25462565	70525412	Agulha hipodérmica 13×4,5						
25462566	70542546	Compressa cirúrgica campo operatório						
25462567	70548080	Compressa gaze 7,5 cm×7,5 cm 13 fios						
25462568	70569258	Luva cirúrgica nr. 6,5 s/po ester.						
25462569	70836787	Fita hipoalergênica micropore 50 mmx						
25462570	71000097	Insyte nº 20 g						
25462571	71002014	Accu-chek advantage tira 25 unid 120						
25462572	71044787	Lâmina bisturi solidor nr. 11 aço inoxidável						
25462573	71600213	Equipo macrogotas c/inj.flexível 1.						
25462574	71700013	Esparadrapo 10,0 cm×4,5 mt						
25462575	72300841	Fio Catgut simples fech.g.ob/gin.2						
25462576	72900040	Fio mononylon 3-0 14503T						
25462577	73400459	Fio vicryl violeta 0 J370H						
25462578	77825993	Seringa s/ag. 10 ml Luer-lok plastipa						
25462579	79914322	Seringa descartável 05 ml s/ ag Lue						
25462580	79916341	Sonda aspiração traqueal 10						
25462581	79924581	Agulha p/ raquianestesia spinocan g						
25462582	79939864	Cord-clamp						
25462587	90196600	Efortil – 10mg/1ml						
25462588	90205626	Argirol – 10%/5ml						
25462589	90206576	Dipirona Sódica 500 mg/ml Sol. Oral						
25462590	90244834	Bromidrato de Fenoterol 5 mg/ml Sol						
25462591	90260740	Nimesulida 100 mg cx. 12 cp.						
25462592	90268130	Dimorf 0,2 mg/ml 1 ml						
25462593	90281420	Glicofisiológico – 5% / 1000ml MED						
25462594	90281489	Soro fisiológico 0,9% – Linhamax						
25462595	90281497	Soro fisiológico 0,9% – Linhamax						
25462596	90284658	Ringer c/lactato sol. inj. sist.fe						

(continua)

Tabela 9.1 Modelo de fatura de procedimento (*continuação*)

		Nome do beneficiário	Código	Data de abertura		Data de fechamento	Evento	
			xxxx	xxxx		xxxx	xxxx	
ID. Item Evento	**Cód. Serviço**	**Descrição**	**Quantidade**	**Valor cobrado**	**Glosa operacional**	**Motivo glosa operacional**	**Glosa técnica**	**Motivo glosa técnica**
25462597	90285360	Neocaína pesada 5 mg/ml + 80 mg/ml						
25462598	90285557	Cloridrato de Dobutamina 250 mg (12.5 mg/ml) Sol. Inj. cx. 10 amp. × 20 ml						
25462599	90310780	Domperidona 10 Mg cx. 30 cp.						
25462600	90623037	Cefalexina - 500mg						
25462601	91152046	Metoclopramida - 2ml						
25462602	91332010	Oxiton - 5UI / 1ml						
25462603	92253466	Kanakion MM - 10 mg / 1ml						
25462604	92264069	Água para injeção - 10 ml						
25462605	92380042	Dipirona sódica - 500 mg/2 ml						
25462606	92397662	Cetoprofeno IV - 100 mg						
25462607	92447295	Cloreto de sódio - 0,9% / 10 ml						
25462608	92455522	Dimeticona - 40 mg						
25462583	80011020	Apartamento simples						
25462584	80018009	Outras diárias e complementações especiais						
25462585	80021050	Taxa de sala - Porte 5						
25462586	80022006	Taxa de sala recuperação pós-anestésica						
		TOTAL DA CONTA						
		TOTAL DA GLOSA OPERACIONAL						
		TOTAL DA GLOSA TÉCNICA						
		TÉCNICO (A)						
		DATA ENVIO						

Fonte: Unimed Paraná, modificada pelo autor.

Observe a grande quantidade de itens, códigos e informações que a planilha da auditoria contém.

A seguir, relacionamos algumas consequências da análise dessa fatura hospitalar pela auditoria:

1. Permite avaliar todos os componentes de consumo utilizados.
2. Exige grande manuseio da conta para buscar os itens, especialmente quando o processo do hospital não está adequadamente informatizado.
3. Requer grande manuseio da auditoria para identificar os itens que possam estar em desacordo.
4. Aumenta sobremaneira a possibilidade de erros manuais nos lançamentos, o que gera glosas e possivelmente postergação do pagamento com perdas financeiras.

5. Fundamenta-se em acordos de tabelas que sofrem alterações periodicamente e que nem sempre são atualizadas pelos setores de faturamento.
6. Utiliza mão de obra especializada para o serviço, o que corresponde, na prática, a um processo parametrizável e que pode ser executado de forma automática.
7. No relacionamento comercial entre o prestador de serviço e a fonte pagadora, a linguagem do faturamento utilizará sistemas de codificação com grande variabilidade, oportunidade de erro e aumento da chance de compor relatórios gerenciais incompletos ou falhos.

Diante da excessiva variação dos itens que compõem os custos em saúde, em especial o dos hospitais, e das frequentes divergências entre fonte pagadora e hospitais, a ANS, com o apoio de entidades hospitalares e dos diversos participantes do processo de atenção à saúde, publicou a Instrução Normativa n. 51/DIDES de 2012[6], para determinar a padronização da nomenclatura e da codificação dos vários itens hospitalares. Esta proposta visa padronizar a Terminologia Unificada da Saúde Suplementar (TUSS), mas também possibilitará classificar, analizar, comparar e melhorar os processos de gestão desses custos. Atualmente, os custos hospitalares representam cerca de 40% dos custos assistenciais totais na saúde suplementar.

A tabela que contém os códigos de todos os itens utilizados na assistência à saúde tem 12.544 páginas, com mais de dez códigos por página. Essa codificação, que se tornou obrigatória a partir de maio de 2014, serve para o preenchimento dos documentos, pelos quais deverão comunicar-se os segmentos executores das ações de saúde. Esse processo é denominado Troca de Informação de Saúde Suplementar (TISS).

Na Tabela 9.2, a seguir, mostramos, como exemplo, uma pequena parte da tabela TUSS, que apresenta as várias modalidades de classificação e codificação de diárias hospitalares e suas variações.

Com esta amostra, e se associarmos as listas do faturamento por itens, é fácil compreender quão complexo é o relacionamento comercial que se consolida na contratação desses serviços.

As tabelas de preços que regulam estes itens são apresentadas pelos respectivos segmentos envolvidos e criam um emaranhado de códigos e referências que ampliam a possibilidade de lançamentos incorretos no processo de faturamento. A probabilidade de erro será tanto maior quanto mais manual for o processo, e isso aumenta a possibilidade de ocorrerem glosas.

A tabela de honorários médicos é apresentada pela Associação Médica Brasileira (CBHPM); a dos hospitais, pelas entidades representantes como Associação Nacional dos Hospitais Privados e Federação Brasileira de Hospitais; a de materiais e medicamentos é divulgada pela indústria, por meio de editoras[7] ou da Câmara de Regulação do Mercado de Medicamentos (CMED), acessível no site da Anvisa, entre outros.

[6] Disponível em: <www.ans.gov.br/espaco-dos-prestadores/tiss/1759-padrao-tiss--versao-30000%20>. Acesso em: 20 mai. 2014.

[7] As tabelas mais utilizadas são: Brasíndice, publicada pela Andrei Publicações Médicas, Farmacêuticas e Técnicas Ltda.; Simpro, por Simpro Publicações e Teleprocessamento Ltda. e Revista *ABC Farma*, pela Associação Brasileira do Comércio Farmacêutico.

Tabela 9.2 Exemplos de códigos TUSS para diárias hospitalares

Código	Termo
60000503	Diária de apartamento com alojamento conjunto
60000511	Diária de apartamento luxo
60000520	Diária de apartamento luxo da maternidade
60000538	Diária de apartamento luxo de psiquiatria
60000546	Diária de apartamento para paciente com obesidade mórbida
60000554	Diária de apartamento simples
60000562	Diária de apartamento simples da maternidade
60000570	Diária de apartamento simples de psiquiatria
60000589	Diária de apartamento suíte
60000597	Diária de apartamento suíte da maternidade
60000600	Diária de apartamento suíte de psiquiatria
60000619	Diária de berçário normal
60000627	Diária de berçário patológico/prematuro
60000651	Diária de apartamento standard
60000660	Diária de apartamento standard da maternidade
60000678	Diária de apartamento standard de psiquiatria
60000686	Diária de isolamento de apartamento standard
60000775	Diária de hospital dia apartamento
60000791	Diária de hospital dia psiquiatria
60000805	Diária de quarto coletivo de 2 leitos com banheiro privativo
60000813	Diária de quarto coletivo de 2 leitos da maternidade com banheiro privativo
60000821	Diária de quarto coletivo de 2 leitos da maternidade sem banheiro privativo
60000830	Diária de quarto coletivo de 2 leitos sem banheiro privativo
60000848	Diária de quarto com alojamento conjunto com banheiro privativo
60000856	Diária de quarto com alojamento conjunto sem banheiro privativo
60001097	Diária de isolamento de apartamento luxo
60001100	Diária de isolamento de apartamento luxo da maternidade
60001119	Diária de isolamento de apartamento luxo de psiquiatria
60001127	Diária de isolamento de apartamento para paciente com obesidade mórbida
60001135	Diária de isolamento de apartamento simples
60001143	Diária de isolamento de apartamento simples da maternidade
60001151	Diária de isolamento de apartamento simples de psiquiatria
60001160	Diária de isolamento de apartamento suíte
60001178	Diária de isolamento de apartamento suíte da maternidade
60001186	Diária de isolamento de apartamento suíte de psiquiatria
60001208	Diária de isolamento de berçário patológico / prematuro
60034084	Diária de isolamento de apartamento standard da maternidade
60034092	Diária de isolamento de apartamento standard de psiquiatria

Fonte: Tabela TUSS _ ANS[8].

[8] Disponível em: <www.ans.gov.br>. Acesso em: 20 mai. 2014.

Tabelas entre prestador e fonte pagadora são passíveis de ajustes e de variações que possibilitem padronizar e simplificar o processo de faturamento.

Os valores constantes nessas tabelas podem ser conferidos por sistemas informatizados que as comparem; entretanto, a adequação da cobrança, tanto qualitativa como quantitativa, deve ser feita por auditor experiente. A auditoria de enfermagem é fundamental neste momento, apoiada pela auditoria médica.

A frequência de glosas deve servir como indicador para corrigir processos da assistência e do faturamento. Todo o esforço para qualificar essas informações é válido, a fim de diminuir a discussão que essas glosas acarretam; a melhor maneira de se evitarem as discussões decorrentes dessas glosas é aplicando-se algumas das sistemáticas referentes a auditoria prospectiva, apresentadas no Capítulo 7.

A adequação do processo de gestão de custos deve também produzir uma redução de processos ineficazes. A Figura 9.1, a seguir, sugere o ciclo de melhoria.

Figura 9.1 Adequação de processos de gestão de custos

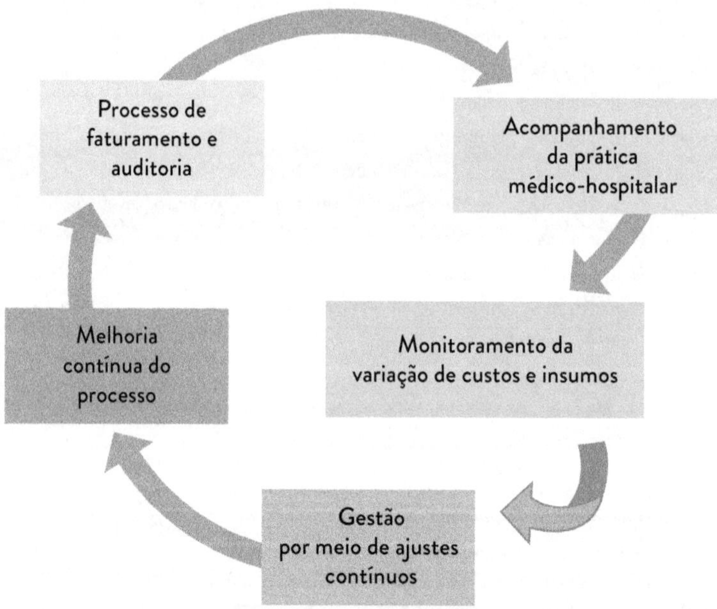

Em função dos modelos de remuneração dos prestadores, as análises dos processos de auditoria retrospectiva, feitas por auditoria analítica, permitem aprimorá-los e reduzir desperdícios e ineficiências. Assim, se a auditoria retrospectiva buscar a padronização dos processos, reduzindo sua variabilidade, buscando objetivá-los e focá-los em ações de saúde, ganhará em qualidade e eficiência. Este objetivo deve estar presente em cada caso analisado.

Ações que podem ser desenvolvidas conjuntamente, entre auditoria e prestador:

- Qualificação dos prestadores para modelo de remuneração diferenciada.
- Negociação de pacotes locais (representantes da organização + representantes do hospital).
- Busca da diminuição do índice de internação e de permanência desnecessárias obtida por auditoria concorrente institucionalizada com conciliação de grupo técnico.
- Determinação em conjunto de indicadores para avaliação de performance dos prestadores (remuneração diferenciada).
- Estudo técnico conjunto para a implantação de processos de melhoria.

Grande parte da dificuldade de relacionamento entre prestadores e fontes pagadoras ocorre nesse momento da auditoria.

A simplificação obtida pelos processos informatizados, em que os valores são automaticamente lançados nas faturas hospitalares, traz mais qualidade e melhores resultados financeiros.

Valendo-se da experiência de outras áreas comerciais, como a apuração de itens de uma compra feita em supermercado, podemos fazer adaptações para o faturamento hospitalar, desde que haja meios para isso. Já é prática, em várias organizações de saúde, a confecção da fatura hospitalar por meio de leitores de códigos de barras a cada utilização de materiais e medicamentos em todos os pontos de consumo desses materiais.

Assim como este, vários outros modelos podem ser utilizados, adaptados ou criados para que o processo de faturamento hospitalar seja simplificado.

Com automatização, tanto a auditoria da organização hospitalar como a da fonte pagadora podem dedicar-se à análise dos cuidados efetivamente aplicados e à redução de ineficiências no processo, geradores de despesas desnecessárias e perdas significativas.

A eliminação dessas perdas pode representar uma importante fonte de "receita", entendida sob o conceito de custo evitado ou de valor econômico adicionado ao processo da atenção hospitalar.

10 AUDITORIA CLÍNICA EM HOSPITAIS

10.1 O QUE É A AUDITORIA CLÍNICA EM HOSPITAIS?

Em 1996, o National Health Service (NHS) publicou um conceito amplo de atenção à saúde com foco no resultado clínico, o qual foi denominado *Clinical Governance* (Governança Clínica)[1].

Nesse conceito integrativo, a governança se utiliza dos seguintes processos em saúde:

- Auditoria clínica.
- Educação continuada.
- Pesquisa e desenvolvimento.
- Saúde baseada em evidências.
- Gerenciamento de risco.
- Resultados em saúde.

Trata-se, na verdade, de macroprocessos que envolvem um grande número de ações e análises, mas que, somados, conduzem, com segurança, a resultados efetivos

---

[1] Disponível em: <www.nice.org.uk/media/796/23/bestpracticeclinicalaudit.pdf>. Acesso em: 31 ago. 2013.

em saúde. E embora cada um deles tenha metodologias de análises diversas, o fio condutor de todos está na informação.

O processo de auditoria clínica, como já mencionado no Capítulo 3, parte da análise de dados para produzir informações de qualidade, confiáveis e fidedignas, que permitam desencadear ciclos de melhoria de procedimentos da assistência.

Nos hospitais profundamente comprometidos com a qualidade da assistência prestada, o desenvolvimento de metodologia de produção e captura dessas informações é ponto-chave para revelar os meandros do gerenciamento dos serviços de saúde.

A capacitação e o comprometimento das pessoas da organização, responsáveis pela produção das informações, são o primeiro e mais importante passo nessa busca.

O uso de ferramentas bem estruturadas, como tecnologia de *Business Intelligence* (BI), proporcionará a captura adequada dos dados que, tratados por *softwares* de garimpagem de dados (*Data Mining*), os agrupará para a produção de conhecimento em saúde.

Esta é a base diagnóstica da auditoria clínica, atividade que deve ser incorporada às organizações de saúde.

Entendemos que o comprometimento com a qualidade dos serviços de saúde remete o hospital e as organizações do setor, como um todo, à busca de constantes melhorias, e o diagnóstico de suas atividades é o ponto de partida para que estas ocorram.

O hospital e seus profissionais precisam, por exemplo:

- Conhecer a estratificação dos pacientes atendidos e seus respectivos riscos.
- Estabelecer um *ranking* das doenças mais frequentemente atendidas.
- Estabelecer indicadores gerais e de performance clínica.
- Avaliar a incorporação de novos procedimentos.
- Processos de monitoramento de pacientes atendidos, visando à sustentabilidade dos resultados obtidos.
- Processos de monitoramento de novas tecnologias da saúde.

Em grande número de prestadores, o paciente que é atendido no ambiente hospitalar, não é mais visto após receber alta, salvo em caso de necessidade e, na maioria das vezes, por demanda espontânea dele próprio.

A auditoria clínica provê um plano de cuidados mais abrangente, que, independentemente da especialidade ou do profissional que fará o atendimento, integra o processo pré-hospitalar com o de atenção no hospital e no pós-hospitalar.

Vejamos um exemplo: um paciente com história familiar de artrose de joelho, com queixas compatíveis com este diagnóstico, e com dor, procura a emergência do hospital, considerando sua propensão genética, ele deverá ter uma linha de cuidados que incluam desde o diagnóstico até a sua resolução sustentável.

A sequência de ações e cuidados para artrose seria:

1. Monitorar e prevenir.
2. Diagnosticar clinicamente e por imagem.
3. Estabelecer comorbidades.
4. Preparar o paciente para intervenção, com medidas de redução de peso e procedimentos pré-operatórios.
5. Intervir com anestesia, cirurgia e tratamento da dor, entre outras possibilidades.
6. Recuperar e reabilitar.
7. Monitorar e gerenciar a sustentabilidade da resolução do problema.

Da mesma forma, há pacientes com doenças que, por sua natureza, devam ter parte de sua solução fora do conjunto de ações a serem oferecidas; há aquelas que devem ser feitas no hospital (a anestesia, a cirurgia, por exemplo), mas há as que podem ser efetuadas fora do ambiente hospitalar (prevenção, reabilitação por fisioterapia por exemplo). Entretanto, como uma ação está relacionada à outra, é importante que tanto antes de operar como depois, o hospital se envolva para, por um lado, receber um paciente em melhores condições (menos obeso, com musculatura mais preparada para uma prótese, por exemplo) ou para garantir a sustentabilidade duradoura da prótese implantada.

A busca desse modelo de acompanhamento evitará o retorno do paciente em condições inadequadas e servirá como referência tanto para este quanto para o médico, e as ações que levem a ele precisam ser monitoradas e agregadas ao conhecimento da empresa.

As ferramentas de apoio serão complementadas por estudos de saúde com base em evidências e de farmacoeconomia.

O desenvolvimento e o acompanhamento de protocolos clínicos e a avaliação do desempenho técnico da rede de prestadores que interagem com o hospital devem ser alguns dos objetivos da auditoria clínica.

O Quadro 10.1, a seguir, traz considerações sobre a perspectiva futura dos processos assistenciais e indica o foco da atenção à saúde de forma integral, em todos os momentos e lugares.

Quadro 10.1 Perspectivas dos processos assistenciais

	Hoje	Amanhã
Quem	Profissionais e instituições fragmentados e dispersos.	Multiprofissionais e instituições trabalhando em consonância.
Quando	Por solicitação do paciente.	Antes das complicações.
Onde	Em unidades de saúde.	Unidades de saúde, casa do paciente, academias, restaurantes, ambientes saudáveis.
Como	Diagnóstico e tratamento customizados, a critério de cada médico.	Diagnóstico e tratamento com base em protocolos altamente detalhados e regras de decisão; tratamento voltado à população de pacientes.

Fonte: *Harvard Business Review*, abril, 2010, modificado pelo autor.

A auditoria em saúde, consciente e informada sobre essa perspectiva avançada de assistência, deve cada vez mais apoiar as mudanças para a melhoria constante da qualidade da assistência e a maior custo-efetividade dos processos e das tecnologias que continuarão a ser desenvolvidas.

Considerações finais

A auditoria em saúde utiliza um volume de conhecimento que amplia a capacidade dos sistemas de saúde e a possibilidade de estes oferecerem maior qualidade à assistência, otimizando seus recursos.

O conhecimento necessário à atividade é tão grande, que na área médica, assim como em outras profissões, a auditoria precisa ser pensada como especialidade profissional.

O conteúdo apresentado ao longo dos capítulos deste livro mostra técnicas e processos para que este objetivo seja alcançado, com embasamento científico adequado, ética e profissionalismo. Além delas, que entendemos serem as principais e já amplamente utilizadas, outras podem ser adaptadas e inovadas, como é próprio da ciência do conhecimento e da natureza humana.

A aplicação da auditoria em saúde depende de informação de qualidade, construída com conhecimento ajustado à assistência, apoiando o trabalho dos profissionais e das organizações de saúde na prestação de seus serviços.

Culturalmente, o brasileiro não aprecia ser auditado, e isso talvez ocorra porque, em algum momento, se disseminou a visão de que auditores procuram apenas levantar falhas. Como demonstramos, o processo de atenção à saúde é bastante complexo e, naturalmente, sujeito a riscos de perda da qualidade. Entender a auditoria em saúde como um processo sinérgico, no qual se busca a qualidade, é o objetivo deste livro.

Em livro intitulado *A cabeça do brasileiro*, A. C. Almeida[1] publicou o resultado de pesquisa feita com a população brasileira, ouvindo indivíduos de várias faixas etárias

[1] ALMEIDA, A. C. *A cabeça do brasileiro*. Rio de Janeiro: Record, 2007.

e de diversos níveis de formação. A pesquisa consistiu em apresentar aos participantes situações práticas da vida cotidiana em que poderia haver ilícito ético - como dar gorjetas em troca de benefícios ou tentar evitar multas no trânsito argumentando com quem as estivesse aplicando -, e perguntar sobre o entendimento que a pessoa fazia daquela situação, indagando se as pessoas consideravam tais atitudes como *favor, jeitinho* ou *corrupção.*

O resultado da pesquisa, resumidamente apresentado aqui, revela alguns padrões dos brasileiros, quais sejam:

- Apoiam o chamado *jeitinho brasileiro.*
- São patrimonialistas.
- São fatalistas.
- Não confiam nos amigos.
- Não têm espírito público.
- Defendem a "lei de Talião": olho por olho, dente por dente.
- São contra o liberalismo sexual.
- São a favor de mais intervenção do Estado na economia.
- São a favor da censura.

Ao transportarmos tal resultado e os prováveis comportamentos dele oriundos para os participantes dos processos de assistência à saúde, podemos compreender e reforçar o entendimento de que a auditoria em saúde tem um papel regulador, que precisa ser assimilado como forma de garantir que a ciência seja aplicada por todos os envolvidos de maneira justa e com a máxima qualidade possível.

O trabalho conjunto de todos os profissionais de auditoria em saúde, em qualquer modelo ou momento discutido aqui, mostra que, independentemente de falarmos de saúde pública ou suplementar, há convergência de interesses, seja no sentido da elaboração de diretrizes ou protocolos, seja no de estudos das intervenções pela Economia da Saúde, de elaboração de processos na busca de informações que conduzam a uma epidemiologia clínica segura ou, ainda, de apoio à gestão eficaz de qualquer dos recursos utilizados na assistência.

"Assegurar a boa prática médica e de enfermagem, avaliando sempre a qualidade do atendimento dispensado ao beneficiário em *todos os pontos de contato com o sistema*" é o ensinamento apresentado pelo dr. Adolfo Parenzi[2], em aula ministrada em 2002.

Novos modelos de assistência, como a Atenção Primária à Saúde[3], trazem, pelos princípios de acesso e de integralidade ao longo do tempo e pela coordenação do cuidado, melhores resultados em saúde, como demonstrado pelos indicadores publicados.

---

[2] Médico auditor, coordenador do curso de pós-graduação em Auditoria em Saúde da Fundação Unimed/Faculdades Lucas Machado.

[3] STARFIELD, B., 2002

Em tais modelos, a regulação do cuidado operacionalizada pelo próprio médico de atenção primária pode contar com o apoio da macrorregulação dos auditores na construção de indicadores, na formatação, gestão e longitudinalidade da rede de apoio e na coordenação dos cuidados.

O gerenciamento de condições crônicas, de casos clínicos e de fatores de risco, assim como a construção de equipes de atenção planejada, a aplicabilidade fundamentada dos recursos que vão desde as medidas mais simples de promoção da saúde até a atenção paliativa, com conceitos e aplicações avançados de customização, são modelos de ações em que a auditoria será sempre uma importante ferramenta para garantir qualidade e ética em saúde.

Enfim, é preciso abandonar o passado, no qual a auditoria em saúde se fundamentava em fiscalização de possíveis erros, avaliação quantitativa de recursos baseados em tabelas e experiências pessoais, agindo apenas após a execução dos procedimentos.

A auditoria em saúde proposta para o futuro constitui uma área de conhecimento especializada, que, fundamentada em evidências científicas robustas e em proatividade na proposição das melhores e mais qualificadas ações, torna a atenção à saúde uma sucessão de eventos de bons resultados, aprimorando os cuidados e promovendo, em um sentido mais amplo, a melhor qualidade de saúde possível para as pessoas atendidas.

Referências

ALMEIDA, A. C. *A cabeça do brasileiro*. São Paulo: Record, 2007.

BACHA, E. L.; SCHWARTZMAN, S. (Org). MEDICI, A. C. (et al.) *Brasil*: a nova agenda social. Rio de Janeiro: LTC, 2011.

BARBIERI, J. C. *Logística hospitalar*: teoria e prática. São Paulo: Saraiva, 2006.

BRASIL. Ministério da Saúde. Agência Nacional de Saúde Suplementar.

BURMESTER, H. *Gestão da qualidade hospitalar*. 1. ed. São Paulo: Saraiva, 2013.

CHRISTENSEN, C. *Inovação na gestão da saúde*: soluções disruptivas para reduzir custos e aumentar qualidade. (Trad. André de Godoy Vieira, Mariana Belloli Cunha, Ronaldo Cataldo Costa). Porto Alegre: Bookman, 2009.

FALCONI, V. *O verdadeiro poder*. Nova Lima: INDG Tecnologia e Serviços Ltda, 2009.

FERRAZ, M. B. *Dilemas e escolhas do sistema de saúde*. Rio de Janeiro: Medbook, 2008

GONÇALVES, V. F. (Org). *Fronteiras da auditoria em saúde*. São Paulo: RTM, 2008.

HUBERMAN, L. *História da riqueza do homem*. São Paulo: Zahar, 1981

KAPLAN, R. S. *Organização voltada para a estratégia*. 14. ed. Elsevier: Rio de Janeiro, 2001.

MELLO, M. A. et. al., Carneiro, A. F. (Coord.). *Planos de saúde*: aspectos jurídicos e econômicos. Rio de Janeiro: Forense, 2012.

MENDES, E. V. "O dilema fragmentação ou integração dos sistemas de serviços de saúde: por sistemas integrados de serviços de saúde". In: MENDES, E. V. *Os grandes dilemas do SUS*. Tomo 2. Salvador: Casa da Qualidade, 2001.

MENDES, J. T .G. (Org.). *Finanças empresariais*. Curitiba: Associação Franciscana de Ensino Bom Jesus, 2002.

MINISTÉRIO DA SAÚDE. Agência Nacional de Saúde Suplementar. *Duas faces da mesma moeda: microrregulação e modelos assistenciais na saúde suplementar*. Rio de Janeiro: Ministério da Saúde, 2005. 270 p. (Série A. Normas e Manuais Técnicos).

______________. *Curso Básico de Regulação, controle, avaliação e auditoria do SUS*, 2006. Disponível em: <www.saude.gov.br>. Acesso em: 14 nov. 2013.

MORITZ, R. D. (Org.). *Conflitos bioéticos do viver e do morrer*. Brasília: Conselho Federal de Medicina (CFM), 2011.

PORTER, M. E.; TEISBERG, E. O. *Repensando a saúde*: estratégias para melhorar a qualidade e reduzir os custos. (Trad. Cristina Bazan). Porto Alegre: Bookman, 2007.

RODRIGUES, V.; OLIVEIRA, K. (Org). *Auditoria em saúde*: abordagem atualizada dos conceitos e fundamentos da auditoria. São Paulo: Unimed do Brasil, 2012.

STARFIELD, B. *Atenção primária*: equilíbrio entre necessidades de saúde, serviços e tecnologia. Brasília: Unesco, Ministério da Saúde, 2002.

VECINA, G.; MALIK, A. M. *Gestão em saúde*. Rio de Janeiro: Guanabara Koogan, 2011.

VIANNA, A. L. D.; FAUSTO, M. C. R.; LIMA, L. D. "Política de Saúde e Equidade". In: *São Paulo em Perspectiva*, 17(1): 58-68, 2003. Disponível em: <http://www.scielo.br/scielo. php?script=sci_arttext&pid=S0102-88392003000100007>. Acesso em: 20 mai. 2014.

YAMAMOTO, E. *Os novos médicos administradores:* cuidando da saúde dos pacientes e das empresas. São Paulo: Futura, 2002.

Sites consultados

http://bvsms.saude.gov.br
http://novo.portalcofen.gov.br
http://portal.cfm.org.br
http://pt.wikipedia.org
http://www.anvisa.gov.br
http://www.datasus.gov.br
http://www.ans.gov.br
http://www.brasil.gov.br
http://cnes.datasus.gov.br
http://www.dataprev.gov.br
http://sna.saude.gov.br
http://www.ibge.gov.br
http://www.iesssaladeimprensa.institucional.ws
http://www.intercambiounimed.com.br
http://www.ipass.org.br
http://www.ipea.gov.br
http://www.nice.org.uk
http://www.opas.org.br
http://www.planalto.gov.br
http://www.portalmedico.org.br
http://www.previdencia.gov.br
http://www.projetodiretrizes.org.br
http://www.qualityindicators.ahrq.gov
http://www.revistahosp.com.br
http://www.ripsa.org.br
http://www.saude.gov.br